JN074712

第3版

否認事例・誤りやすい事例による

税務調査の重点項目

税理士 岸田 光正 著

税務研究会出版局

改訂版 (第3版) 発刊にあたって

　本書は、勘定科目ごとの税務調査における重点項目を理解して正しい申告を行い、税務調査における指摘を極力少なくしていただければ、という趣旨のもと、平成18年4月に発刊したものです。

　今回の第3版では、第2版発刊後の主要項目の改正や創設に伴う改訂、その他本文及び Column 欄の追加・改訂を行うとともに、国税庁公表の「大規模法人における税務上の要注意項目確認表」に挙げられている項目のうち重要と思われるものを新たに追加しました。

　この確認表は、税務調査で処理誤りが指摘されるリスク軽減のための自主監査用として作成されたもので、大規模法人のみならず全ての法人にとって有用なものです。

　前書と同じく、本書が、税務処理や税務調査に携わる方々のために少しでもお役に立てば幸いです。

　最後に、本書の出版に当たりお世話をいただきました税務研究会編集事業本部出版局の田中真裕美様はじめ出版局の皆様に厚く御礼申し上げます。

　令和4年11月

税理士　岸田光正

ま え が き （初版）

　法人が申告書を提出する以上、税務調査は避けて通れないものですが、税務調査ほど嫌なものはないという声をよく耳にします。

　税務調査において、調査官は、

(1)　売上除外、棚卸除外、架空仕入や架空経費・人件費の計上、利益調整などの不正計算を行っていないか

(2)　税務上誤りやすい項目について、その処理が税法に従って正しく行われているか

ということを中心に調査を行います。

　(1)の不正計算については、法人側が不正計算を行っているわけであり、調査に対する対応以前の問題ですが、(2)の処理誤りについては、調査官はどのようなポイントを中心に調査を進めていくか、法人はどのような点を誤りやすいか、過去の否認事例としてどのようなものがあるか等を事前に理解しておけば、法人の処理誤りも少なくなり、調査の際における問題点も少なくなるものと思われます。

　本書は、各勘定科目ごとに、その科目における、(1)調査のポイント、(2)調査官の調査の進め方、(3)否認を受けないための対応策、(4)過去の否認事例、(5)誤りやすい事例を紹介することによりその科目における税務調査の重点項目を理解し、調査時における指摘を極力少なくして頂きたいという趣旨のもと執筆したものです。

　本書が、税務調査における事前チェック、調査対応、日々の取引に係る処理、申告書作成などさまざまな場面においてお役に立てれば幸いです。

　なお、本書は、税務研究会から刊行されている月刊「税務QA」に平成15年4月号から平成18年1月号まで連載された「税務調査の重点項目」に加筆補正を行いまとめたものです。

　最後に、本書刊行のため大変なご尽力をいただきました月刊「税務

QA」編集部の冨木敦氏及び出版局の小島祥一氏をはじめとするスタッフの皆様に対しまして厚く御礼申し上げます。

　平成18年3月

税理士　岸田光正

■ 目 次 ■

凡　例

1　本書中に引用する法令等については、次の略称を使用しています。

　　法法……法人税法

　　法令……法人税法施行令

　　法規……法人税法施行規則

　　法基通……法人税基本通達

　　所法……所得税法

　　所令……所得税法施行令

　　所規……所得税法施行規則

　　所基通……所得税法基本通達

　　消法……消費税法

　　消令……消費税法施行令

　　消規……消費税法施行規則

　　消基通……消費税法基本通達

　　措法……租税特別措置法

　　措令……租税特別措置法施行令

　　措規……租税特別措置法施行規則

　　措通……租税特別措置法関連通達

　　耐令……減価償却資産の耐用年数等に関する省令

　　耐通……耐用年数の適用等に関する取扱通達

2　使用例

　　法法37④一　　　法人税法第37条第4項第1号

3　本書は、令和4年10月1日現在の法令通達等に基づいています。

第1章

売　　上

1-1 売上勘定の目のつけどころ

 売上勘定についての調査ポイントには、どのようなものがありますか。

A 売上勘定は、仕入勘定、棚卸商品勘定とともに、損益勘定を調査する上で最も重要な勘定科目であり、税務調査の際には必ず調査対象となる科目です。

売上勘定についての調査ポイントとしては、次のようなものが挙げられます。

（1） 売上除外はないか

売上勘定の調査においては、不正発見に重点がおかれます。

まず調査官は、売上除外はないかという点につき調査を行います。この場合、調査官は帳簿等に記載されていない取引を見つけなければならないわけですから、その発見は容易ではありません。

調査官は売上除外の発見について、売上計上に伴って発生する関連費用からの調査、商品の動きからの調査、売上代金の決済状況からの調査、法人の現金管理状況からの調査、代表者の個人預金の動きの把握など、独自の調査手法を身につけ、その発見に努めることになります。

（2） 売上の計上漏れ（繰延べ）はないか

売上除外以外に、売上が調査対象事業年度に正しく計上され、適正な期間損益計算がなされているかという点についても調査が行われます。

売上の計上漏れの発見は、翌事業年度の帳簿に計上されている売上の中から、調査対象事業年度の売上とすべきものがないかを検討するもの

ですから、調査官にとっては、売上除外に比べるとその発見は容易なものとなります。税務調査の際は、必ずチェックが行われるポイントです。

(3)　翌期に計上すべき赤字取引に係る売上を、当期に計上していないか

　これは、(2) の売上の計上漏れと逆のケースですが、調査対象事業年度に計上されている赤字取引に係る売上が、本来は翌事業年度以降に計上すべきものではないかということを調査するものです。特に、期末直前に計上された赤字取引についてチェックが行われます。

(4)　売上値引の計上時期は妥当か

　売上値引はその値引が確定した時点で計上すべきものであり、その計上時期の妥当性についても検討が行われます。(3) と同じく期末直前に行われた売上値引についてチェックが行われる場合が多くあります。

(5)　収益の計上基準を変更した場合、その理由は合理的かつ適切か

　収益の計上基準は、棚卸資産又は役務提供の種類、性質、契約の内容等に応じて合理的な基準を選択し、継続適用する必要があります（法基通2－1－2、2－1－21の8）。

　収益の計上基準を合理的かつ適切な理由もなく変更した場合には、変更後の計上基準は認められない場合があります。

1-2 売上勘定の調査方法

 売上勘定につき、調査官はどのように調査を進めるのでしょうか。

 売上勘定については、調査官はおおむね次のようなポイントを中心に調査を進めていくものと思われます。

（1） 取引の流れ、作成帳簿等の把握

まず、調査官は、受注から出荷、相手方の検収、代金回収に至るまでの流れを確認し、その流れに従って、法人が各段階においてどのような帳簿等（下表「法人が作成している主な帳簿等」参照）を作成しているか、また、どの時点で、どのような事実や帳簿等をもとに売上を計上しているのか（売上計上基準）を把握します。

そして、これら把握した取引の流れ、帳簿等をもとに、売上除外や売上繰延べの有無などの検討を進めていくことになります。

■法人が作成している主な帳簿等
受注簿、出庫伝票、出荷伝票、納品書控、請求書控、商品有高帳、出庫リスト、検収報告書、物品受領書、発送運賃請求書、工事台帳、工事完了報告書、物件引渡書、工事進行表、得意先元帳等

（2） 売上の計上時期の妥当性の検討

売上の計上時期が、税法の基準からみて問題がないかを確かめます。

なお、棚卸資産の販売による収益を計上すべき日は、その棚卸資産の引渡しがあった日であると定められています（法基通2-1-2）。

また、引渡しがあった日がいつであるかについては、棚卸資産を出荷

した日（出荷基準）、船積みをした日（船積基準）、相手方に着荷した日（納品基準）、相手方が検収した日（検収基準）、相手方において使用収益ができることとなった日（使用収益基準）、検針等により販売数量を確認した日（検針基準）など、その棚卸資産の種類、性質、契約内容等に応じ、合理的であると認められる日によるものとされています。どの基準を採用するにしても、継続適用が原則となります（法基通2－1－2、2－1－4）。

　さらに、売上代金の回収が長期にわたる場合には、その回収期限に応じて収益を計上する「延払基準」（原則として長期割賦販売に係るものは除かれます。）、請負業において、作業の進行に応じて収益を計上する「工事進行基準」や完成部分を引き渡したつど収益を計上する「部分完成基準」なども認められています（法法64、法令129、法基通2－1－1の4）。

（3）　翌期の売上からの検討

　翌期に入ってから1～2か月くらいの売上に係る納品書の控など、商品の流れや役務提供完了の有無が明らかになる帳簿等を調査し、調査対象年度に売上計上すべきものが含まれていないか（売上の繰延べがないか）を検討します。

（4）　他の費用項目からの検討

　運送業者や倉庫業者、代理店などに対する支払いなど、商品等の動きが明らかになる費用項目から売上計上の妥当性を検討します。

（5）　代金の決済状況等からの検討

　代金の決済がすべて完了していたり、役務の提供に係る報酬につき、役務提供に係る費用がすべて支出されているにもかかわらず、売上が未

だ計上されていないものについて、その処理が妥当かどうかを検討する
場合もあります。

（6） 資料せんとの突合による検討

　帳簿等による検討とは別に、調査官が事前に収集した資料せん（調査
対象法人と取引先等の取引内容を資料化したもの）や支払調書等と売上
勘定との突合を行い、計上の妥当性を検討する場合もあります。

（7） 現金有高調査による検討

　飲食業、小売業など現金売上が多い法人については、事前通知なしに
法人に臨場し、調査日現在の実際現金有高と現金出納帳等残高を突合
し、両者に不一致がないかを検討するなど、売上代金の管理状況などか
ら売上除外の有無を検討する場合があります。

（8） 領収書控からの検討

　現金売上について、会社が保管している領収書控やレジペーパー等の
売上に係る記録を把握し、それらと売上勘定とを突合することにより売
上除外の有無を検討する場合もあります。

1-3 否認を受けないための対応策

 売上について否認を受けないための対応策について教えて下さい。

 売上除外については、会社が不正行為を行っているわけですから対応のしようがありません。

しかし、売上の繰延べについては、物の流れや代金決済状況等から、事前に計上漏れなどの誤りを見つけることが可能です。

売上について否認を受けないための対応策としては、次のようなものが考えられます。

（1） 物の流れから検討する

売上の計上は、物の流れ等から検討することが必要です。物の流れ、役務提供完了の有無などから、実際に計上すべき日に適正に売上が計上されているかを再度確認します。

また調査の際には、社内で作成された帳簿等をもとに、発注から納品、代金決済までの流れを示す必要があります。その流れに即し、売上をどの時点で計上しているかを調査官に説明できるように整理しておくのです。

（2） 翌期の売上計上分からの検討

売上計上漏れの有無を検討するには、翌期の売上計上分を検討することが必要です。

翌期の売上計上分につき、納品書等から商品等の動きを再度確認し、その納品日より、当期の売上として計上すべきものが漏れていないかを

確認します。

（3）　対価が未確定なものも売上計上されているかの確認

　出荷基準を採用している法人の場合、出荷済ではあるが対価が未確定なものについても、売上を見積額で計上する必要があります（法基通2－1－1の10)。

（4）　売掛金残高の確認

　個々の得意先ごとの期末売掛金の残高を検討すると、その残高がマイナスとなっているようなことがあります。このような場合、単に過入金であれば問題ないのですが、売上の計上が漏れており、その入金だけが記帳されている場合があり注意を要します。

（5）　前受金等負債項目の検討

　前受金、受入手付金、仮受金残高の中に、すでに売上として計上すべきものが含まれていないかを確認します。

（6）　厳格な現金管理

　現金商売の場合、現金の入出金管理状況が厳格か否かが重要となり、内部統制が行き届かず現金の管理が甘い法人ほど現金売上の漏れや除外が見受けられます。現金の管理を厳格に行い、現金売上の計上漏れを防止すべきです。

（7）　別表四での加算、消費税の調整

　決算作業終了後、申告書提出時までに売上計上漏れが判明した場合には、法人税申告書の別表四で申告加算をする必要があります（連動して

消費税等の課税売上高にも影響を及ぼす場合があります。)。

1-4 売上勘定の否認事例

 売上勘定については、どのような否認事例があるのでしょうか。

 売上勘定の否認事例としては、次のようなものが考えられます。

（1）　納品書控えから

翌期の売上に係る納品書控えを検討したところ、納品日が調査対象事業年度であるものが見られた。

（2）　売掛金残高から

調査法人の売掛金残高と取引先の買掛金残高が不一致であることを端緒に、売上計上漏れの事実が判明した。

（3）　前受金残高から

前受金残高の内容を検討したところ、売上計上すべき入金であることが判明した。

（4）　資料せん等の突合から

調査官が持参した資料せんや支払調書等と売上勘定を突合したところ、売上除外の事実が判明した。

（5）　個人預金の入金状況から

代表者の個人預金の入金状況を検討したところ、簿外売上代金が入金

されていた。

（6）　代表者借入金から

簿外売上代金を、代表者からの借入金の入金として処理していた。

（7）　領収書控えから

会社が保管していた領収書控えと売上勘定を突合したところ、売上除外が判明した。

（8）　現金監査の実施から

飲食業につき、現金監査を実施したところ、実際現金有高が現金出納帳有高より多額であることが判明し、それを端緒に現金売上の除外が判明した。

1-5 売上勘定に係る誤りやすい事例

Q その他、売上勘定に係る誤りやすい事例を教えて下さい。

A 誤りやすい事例としては、以下のようなものがあります。

（1）　売上の計上基準に照らし、当事業年度に計上すべきであるにもかかわらず、翌事業年度に計上していたもの

　棚卸資産の販売に係る収益の額は、その引渡しがあった日の属する事業年度の益金の額に算入します（法基通2−1−2）。この引渡しの日は、例えば出荷した日、船積みをした日、相手方に着荷した日、相手方が検収した日、相手方において使用収益ができることとなった日など、その棚卸資産の種類及び性質、販売に係る契約の内容等に応じ引渡しの日として合理的であると認められる日のうち法人が継続して収益計上を行うこととしている日をいいます。

　また、請負に係る収益の額は、原則として、物の引渡しを要するものは目的物の全部を完成して相手方に引き渡した日、物の引渡しを要しないものは約した役務の全部を完了した日の属する事業年度の益金の額に算入します（法基通2−1−21の7）。

　この引渡しの日は、建設、造船その他これらに類する工事を行うことを目的とするものであるときは、例えば作業を結了した日、相手方の受入場所へ搬入した日、相手方が検収を完了した日、相手方において使用収益ができることとなった日などその建設工事等の種類及び性質、契約の内容等に応じ引渡しの日として合理的であると認められる日のうち法

人が継続して収益計上を行うこととしている日となります（法基通2－1
－21の8）。

（2）　合理的な理由がないにもかかわらず、売上計上基準を出荷基準か
　　ら検収基準へ変更していたもの

　売上の計上基準としては、出荷基準、検収基準等がありますが、いっ
たん一つの基準を採用したならば、継続適用が必要とされます（法基通
2－1－2）。

　そして、売上計上基準の変更は、その理由が合理的であると認められ
る場合にのみ可能であると考えられます。

　したがって、例えば、合理的な理由もなく、売上計上基準を出荷基準
から検収基準に変更するような処理を行うと、利益調整のための変更で
あると認定され、その変更が認められない場合があります。

（3）　不動産業等における棚卸商品である土地等の販売において、その
　　引渡しが完了しているにもかかわらず、代金の50％相当額を受領し
　　ていないという理由で売上計上していなかったもの

　棚卸資産が土地等であり、その引渡しの日がいつであるかが明らかで
ない場合には、①代金の相当部分（おおむね50％以上）を収受した日
か、②所有権移転登記の申請（登記に必要な書類の交付を含みます。）
をした日のいずれか早い日に引渡しがあったものとすることができます
（法基通2－1－2）。

　しかし、これはあくまでも、引渡しの日がいつであるかが明らかでな
い場合の取扱いについてです。

　明らかに引渡しが完了している場合には、代金の相当部分を受領して
いなくても、売上を計上する必要があります。

（4）　不動産賃貸業において、受取家賃のうち期末未入金分を未収計上していなかったもの、また、受入保証金のうち返還を要しない部分の収益計上をしていなかったもの

受取家賃については、前受金部分を除き、原則として、貸付期間経過に応じて、又は契約等によりその支払いを受けるべき日（支払期日）に収益計上しなければなりません（法基通2－1－29）。

また、保証金、敷金等として受け入れた金額のうち、期間の経過等、一定の事由の発生により返還しないこととなる部分の金額については、その返還しないこととなった日の属する事業年度に収益計上する必要があります（法基通2－1－41）。

（5）　建設業等において、長期大規模工事に該当する工事であるにもかかわらず、工事進行基準を適用していなかったもの

工事進行基準とは、工事の請負に係る収益及び費用をその工事の進行に応じて計上する基準をいい、原則として任意適用ですが、次の①から③の要件を満たす工事等（長期大規模工事）については工事進行基準が強制適用されます（法法64①、法令129①②）。

①　その着手の日から契約で定められている目的物の引渡しの期日までの期間が1年以上であること

②　その請負の対価の額が10億円以上の工事であること

③　その工事に係る契約において、その請負の対価の額の2分の1以上がその工事の目的物の引渡しの期日から1年を経過する日後に支払われることが定められていないこと

建設工事業等の場合、請け負った工事等が長期大規模工事に該当するかどうかを確認する必要があります。

なお、工事進行基準については16頁の「Column1-1　工事進行基準の

適用」をご参照下さい。

（6）　資産の販売等に係る売上の額について、当事業年度末までに資産の販売等に係る目的物の引渡し又は役務の提供が完了しているにもかかわらず、その対価の額が確定していないという理由で、その事業年度の収益として計上していなかったもの

　資産の販売等に係る目的物の引渡し又は役務の提供が事業年度終了の日までに完了しているがその対価が確定していない場合でも、その販売若しくは譲渡をした資産の引渡しの時における価額又はその提供をした役務につき通常得べき対価の額に相当する金額を適正に見積もって収益計上する必要があります。

　なお、その後の事業年度において確定した対価の額が見積額と異なった場合には、その差額に相当する金額について、確定した日の属する事業年度の収益の額を減額又は増額させることになります（法基通2－1－1の10）。

| Column1-1 | 工事進行基準の適用 |

1 工事進行基準とは

工事進行基準とは、工事の請負に係る収益及び費用をその工事の進行に応じて計上する基準をいいます。

具体的には、下の算式のように、工事請負の対価の額及びその原価の額にその事業年度終了の時におけるその工事進行割合を乗じて計算した金額から、その事業年度前にすでに計上された収益の額及び費用の額をそれぞれ控除した金額をその事業年度の収益の額及び費用の額とする方法をいいます（法令129③）。

・当期に計上すべき収益の額＝（請負の対価の額×工事進行割合）−（すでに収益として計上した金額）

・当期に計上すべき費用の額＝（期末の現況による工事原価の見積額×工事進行割合）−（すでに費用として計上した金額）

なお、ここでいう工事進行割合とは、工事原価の額のうちにその工事のために既に要した原材料費、労務費その他の経費の額の合計額の占める割合その他の工事の進行の度合いを示すものとして合理的と認められるものに基づいて計算した割合をいいます。

2 長期大規模工事における工事進行基準の強制適用

法人が工事進行基準を適用するかどうかは、原則として法人の任意とされていますが、次の①から③の要件を満たす工事（製造及びソフトウエアの開発を含みます。）（長期大規模工事）については工事進行基準が強制適用されます（法法64①、法令129①②）。

① その着手の日から契約で定められている目的物の引渡しの期日までの期間が1年以上であること

② その請負の対価の額が10億円以上の工事であること

③ その工事に係る契約において、その請負の対価の額の2分の1以上がその工事の目的物の引渡しの期日から1年を経過する日後に支払われることが定められていないこと

第 2 章

仕　　　　入

仕入における調査ポイント

① 架空仕入はないか
② 仕入の繰上計上はないか
③ 簿外仕入、簿外売上はないか
④ 仕入値引、返品の処理は妥当か

2-1 仕入勘定の目のつけどころ

 仕入勘定についての調査ポイントには、どのようなものがありますか。

 仕入勘定の調査は、架空仕入はないか、仕入の繰上計上はないかなどという点を中心に行われます。

仕入勘定についての主な調査ポイントを次に挙げます。

（1） 架空仕入はないか

　仕入勘定の調査においても、やはり不正発見に重点がおかれ、まず調査官は、架空仕入はないかという点につき調査を行います。

　具体的には、法人が記載している帳簿、保管している証ひょう類を検討することになります。

　帳簿等に記載されている取引を否認するわけですから、調査官にとっては、帳簿等に記載されていない売上除外を見つけるよりは容易となります。

（2） 仕入の繰上計上はないか

　架空仕入のほかに、適正な期間損益計算がなされているかという点もポイントになります。

　当期の損金となる売上原価、完成工事原価その他これらに準ずる原価は、当期の収益に対応するものであるため、翌期以降の収益に対応する仕入等は当期の損金とはなりません。

　なお、翌期に計上すべき仕入等を当期に計上していたとしても、その仕入計上分を期末棚卸資産として計上していれば結果的に所得計算上の

問題はありません。

　しかし、翌期に計上すべき仕入等を当期に計上しているにもかかわらず、期末棚卸資産に計上していない事例が多く見受けられます。

（3）　簿外仕入、簿外売上はないか

　仕入を簿外にすると、法人にとっては不利な処理となりますが、簿外仕入と同時に簿外売上を行っている場合も想定されるため、調査では簿外仕入の有無も検討の対象となります。

（4）　売上原価等の額が期末までに確定していないときは、適正に見積もった金額を計上しているか。また、単なる事後的費用を見積計上していないか

　当期に計上した収益に対応する売上原価等の金額が当期末までに確定していない場合は、同日の現況により適正に見積もる必要があります。

　なお、当該収益に関連して発生する費用であっても、単なる事後的費用の性格を有するものについては、売上原価等となるべき費用ではないことから、見積計上することはできません。

（5）　仕入値引、返品の処理は妥当か

　仕入値引や返品はその事実が確定した時点で計上すべきものですが、値引が確定していたり、返品の事実があるにもかかわらず未処理としているものの有無を検討します。

2-2 仕入勘定の調査方法

 仕入勘定につき、調査官はどのように調査を進めるのでしょうか。

 仕入勘定について、調査官はおおむね次のような点を中心に調査を進めていくものと思われます。

（1） 取引の流れ、作成帳簿等の把握

まず、調査官は、発注から入荷、検収、代金決済に至るまでの流れを聞き、その流れに従って、法人が各段階においてどのような帳簿等（下表の「法人が作成している主な帳簿、保管している証ひょう等」参照）を作成しているか、また、どのような証ひょう等を保管しているか、どのような事実や帳簿等をもとに仕入を計上しているかを把握します。

そして、これら把握した取引の流れ、帳簿、証ひょう等をもとに、架空仕入や仕入繰上計上の有無などの検討を進めていきます。

■法人が作成している主な帳簿、保管している証ひょう等
発注簿、入庫伝票、納品書、検収書控、請求書、領収書、振込控、入庫リスト、仕入運賃請求書、倉庫業者の保管証明書、仕入先元帳、商品有高帳等

（2） 仕入の計上時期の妥当性の検討

仕入の計上時期の妥当性を、商品等の流れからみて問題がないかを確かめます。

また、期末前1〜2か月くらいの仕入の納品書等を調査し、その納品日に翌期のものが含まれていないかを検討します。

（3）　仕入代金の決済状況等からの検討

　現金仕入のものや、通常は買掛金の決済を振込で行っているにもかかわらず、特定取引だけ現金決済となっているものなどについて、その計上が妥当かどうかを検討します。

（4）　取引態様からの検討

　いわゆるスポット取引のもの、遠隔地取引のもの、取引金額がラウンドのものなどについて、その計上が妥当かどうかを検討します。

（5）　買掛金残高からの検討

　長期にわたり買掛金残高が多額に存在する仕入先については、買掛金発生時の処理に問題がある場合が多いため、その仕入先との取引につき、架空仕入、仕入取消、返品、値引等の事実の有無などを検討します。

（6）　証ひょう等からの検討

　市販の、あるいは手書きの領収書、請求書を中心に不審な仕入を抽出し、架空仕入の有無を検討します。

（7）　反面調査の実施

　以上の調査により不審な仕入先が把握された場合、その仕入先に対して反面調査を実施し、取引の妥当性を検討する場合もあります。

2-3 否認を受けないための対応策

Q 仕入勘定について否認を受けないための対応策について教えて下さい。

A 架空仕入は別として、仕入や仕入値引、戻しの計上時期については、物の流れや、代金決済状況等から、事前に誤りを見つけることが可能です。否認を受けないための対応策としては、次のようなものが考えられます。

（1） 物の流れからの確認と整理

仕入の計上も売上と同じく、物の流れ等から検討することが必要です。納品書、検収書控、入庫記録、倉庫業者の保管証明書などから物の流れを把握し、実際に計上すべき日に適正に仕入が計上されているかを、再度確認します。

また調査の際には、社内で作成された帳簿、証ひょう等をもとに、発注から納品、代金決済までの流れを示し、その流れに即し、仕入をどの時点で計上しているかを調査官に説明できるように整理しておくことが必要です。

（2） 買掛金残高からの確認

長期にわたり買掛金残高が多額に存在する仕入先について、その原因を解明することにより、仕入の計上が過大となっていないかを確認しておく必要があります。

（3）　翌期の仕入値引、戻し等からの検討

　翌期における仕入値引、戻し、仕入取消の状況を把握し、当期に計上すべきものはないかを確認します。

2-4 仕入勘定の否認事例

 仕入勘定については、どのような否認事例があるのでしょうか。

 　仕入勘定の否認事例としては、次のようなものが考えられます。

（1）　現金取引、スポット取引から

　現金取引、スポット取引を行っている仕入先に対し反面調査を行ったところ、架空の取引であったもの。

（2）　証ひょう書類から

　市販の領収書、請求書を用いている取引先からの仕入が架空であったもの。

（3）　買掛金残高から

　継続して多額の買掛金残高がある仕入先との取引内容を検討したところ、仕入の返品処理が記帳漏れとなっていたもの。

（4）　仕入単価の変動状況から

　利益調整のため、一方的に当期の仕入単価を過大にして計上し、翌期に仕入値引の形で訂正処理をしていたもの。

（5）　入荷記録から

　倉庫における入荷記録がない仕入を検討したところ、架空であったもの。

（6）　工事原価の付替え

　建設業において、未成工事に係る原材料費を完成工事原価に付け替え
ていたもの。

（7）　見積売上原価計上額の過大計上

　当期の収益に対応する売上原価等を見積計上していた場合、その見積
額が過大であったもの。

　また、将来発生する可能性のあるクレーム対応の費用など、単なる事
後的費用の性格を有するものを見積計上していたもの。

第3章

棚卸資産

棚卸資産における調査ポイント

① 棚卸除外はないか
② 棚卸資産の数量、評価が過少ではないか
③ 評価損、廃棄損の計上は妥当か

3-1 棚卸資産勘定の目のつけどころ

Q 棚卸資産勘定の調査ポイントには、どのようなものがありますか。

A 商品、製品、原材料、仕掛品などの棚卸資産は、期末において、取引先等の外部への影響を考慮せず、会社の内部だけで容易にその計上額の調整が可能であること、また、調整を行っても翌期に戻し入れられるため、翌期にはその調整が治癒されること、さらに当期の消費税等の額の計算にも影響が及ばないことなどから、利益調整の手段として利用される可能性が高い勘定科目です。

　また、棚卸資産はその額が多大になる場合が多く、期末棚卸高の多寡により、課税所得が直接的に大きく影響を受けます。

　このようなことから、棚卸資産は、税務調査において売上、仕入とともに最も注意を要する科目の一つであるとされています。

　売上高に対応する売上原価は、例えば、小売業や卸売業の場合、通常、次の算式で求められ、期末棚卸高が過少に計上されれば、当期の売上原価は過大に計上されることになります。

　（売上原価）＝（期首棚卸高）＋（当期仕入高）－（期末棚卸高）

　したがって、税務調査においては、期末棚卸計上高が過少となっていないか、すなわち、簿外の棚卸資産はないか、棚卸資産の過少評価はないかということがポイントとなります。

　具体的には、棚卸資産勘定の調査においては以下の3点を中心に調査が行われます。

（1）　棚卸除外はないか

　これは、期末の棚卸数量を意図的に除外する不正行為です。

　棚卸除外は、売上原価が過少に計上されるのはもちろんのこと、棚卸除外により生じた簿外資産をさらに簿外で売却したり、翌期に棚卸除外分だけの架空仕入を計上してつじつまを合わせるというような不正につながる行為です。

　調査官はまず、棚卸除外の有無に調査の重点を注ぎます。

（2）　棚卸資産の数量、評価が過少ではないか

　棚卸資産の計上額は、「数量×単価」で算定されます。

　数量については、集計誤り等により期末の棚卸数量が過少に計上されているものはないかという点が、また、単価については、届け出た棚卸評価方法によって計算がなされているか、さらに、期末における単価が過少に計算されていないかという点が調査のポイントとなります。

（3）　評価損、廃棄損の計上は妥当か

　期末において、棚卸商品が災害により著しく損傷していたり、陳腐化しているような場合には、その棚卸商品について評価損の計上が認められます。

　評価損は、内部的に計上することが可能であるため、その計上の妥当性につき検討を行います。

　また、すでに市場価値がないような棚卸資産については、廃棄をしたうえで廃棄損を計上する場合がありますが、調査においては、廃棄の事実の有無、計上時期の妥当性について検討が行われます。

3-2 棚卸資産勘定の調査方法

 棚卸資産勘定について、調査官はどのように調査を進めるのでしょうか。

 おおむね次のような点を中心に調査を進めていくものと思われます。

（1） 期末棚卸高計上までのプロセスを聴取する

期末棚卸高は通常、実地棚卸を実施し、そこで把握した数量に単価を付して棚卸表を作成し、棚卸表における集計額を期末棚卸高として計上されます。

このようなプロセスにおいて、いつ、誰が、どのように実地棚卸を実施し、把握した数量を集計し、単価を付したかということを聴取し、不審点がないかを調査します。

（2） 実地棚卸の際の原始記録を確認する

実地棚卸の際における棚卸票、メモ書きなどの原始記録を把握し、実際に実地棚卸を行っているか、原始記録における数量と最終的な棚卸表における数量とに差異はないか等を確認します。

（3） 棚卸資産の保管状況を現場に臨場して確認する

棚卸資産の保管状況を確認するため、倉庫や資材置場などに臨場し、調査日現在の資産の状況、長期滞留商品の有無、商品受払時の手続き、現場における作成資料等を把握します。

（4）　期末前後の売上、仕入から期末数量の妥当性を検討する

　特定の商品について、期末前 1 ～ 2 か月間におけるその商品に係る仕入数量を把握し、そこから同期間に販売した数量を控除する方法や、あるいは期末後 1 ～ 2 か月間に販売した数量を把握し、そこから同期間に仕入れた数量を控除する方法などにより、期末棚卸数量の妥当性を推計します。

（5）　調査日現在の商品有高から期末数量の妥当性を検討する

　調査日現在における特定の商品の有高を実際に把握し、次に決算日から調査日現在までの売上、仕入の数量を把握することにより、期末棚卸高の妥当性を逆算して確認する方法もあります。

　なお、（4）や（5）の調査方法は、単価が高く、かつ、期中にあまり動きが少ない商品について特に有効な方法となります。

（6）　預け在庫等が計上漏れとなっていないかを検討する

　業者の倉庫に預けてある商品等の計上が漏れている場合が考えられるため、倉庫保管料等の計上の有無を確認した後、預け在庫の全部又は一部が簿外となっていないかを確認します。その際、倉庫業者の保管証明書、入出庫記録、倉庫保管料請求書などが調査の対象となります。

　また、仕入先や外注先に預けてある商品や原材料、仕入先からの未着品、収益計上基準に検収基準を採用している場合における得意先へ搬送中の商品などについても、計上漏れがないかを検討します。

（7）　仕入単価などから期末評価の妥当性を検討する

　期末棚卸商品の評価は、先入先出法、移動平均法、最終仕入原価法など、法人が届け出た方法により行われますが（法法29②、法令28①）、その

届け出た方法に基づき正当に計算がなされているかを、仕入単価、仕入数量、販売数量等から検討します。

　また、購入に際し支出した付随費用が、棚卸資産の取得価額に適正に含まれているかどうかについても調査を行います。

（8）　評価損計上の妥当性を検討する

　評価損が計上されている場合、その計上が妥当か、また、計上された評価損の算出額は妥当かということを検討します。

（9）　廃棄損計上の妥当性を検討する

　廃棄損が計上されている場合、実際に棚卸商品が期末までに廃棄されたかどうかを確認するため、まず、その商品を廃棄した際の状況を聴取します。

　その後、廃棄業者からの廃棄手数料請求書、業者発行の廃棄証明書やマニフェスト、社内の稟議書など廃棄の事実が明らかとなる資料から、計上の妥当性を検討します。

3-3 否認を受けないための対応策

 Q 棚卸資産について、否認を受けないための対応策について教えて下さい。

 A 否認を受けないための対応策としては、次のようなものが考えられます。

（1）　棚卸原始記録の保管

　期末棚卸の際の原始記録は、必ず保管しておく必要があります。調査官はその原始記録から、実際に棚卸しを実施したかどうか、把握した数量が正しく期末棚卸高に反映されているかどうかを確認します。

　調査の際には、実地棚卸の原始記録をもとに、決算書の期末棚卸高をどのように計算、集計したかというプロセスを説明できるようにしておくことが必要です。

（2）　期末前後における売上、仕入状況からの検討

　主要商品について、決算日後1～2か月間の売上数量をもとに、また、決算日前1～2か月間の仕入数量をもとに、数量計算を行い、棚卸資産の計上漏れがないかを確認します。

（3）　社外における在庫の確認

　業者の倉庫や外注先、仕入先等に預けてある商品、売上の計上基準に検収基準を採用している法人における搬送中の商品、あるいは未着品などが計上漏れとなっている場合が多く見受けられます。社外に存在して、社内実地棚卸の対象外となっている棚卸資産についても適正に計上

されているかどうかを確認しておく必要があります。

（4） 評価方法及び計算プロセスの確認

　期末棚卸資産の評価が届けられた方法に基づいてなされているかどうか、また、その計算プロセスに誤りはないかを確認しておきます。

（5） 棚卸資産の取得価額の確認

　仕入の際の付随費用が、棚卸資産の取得価額に含まれているかどうかを確認しておきます。特に、引取運賃、購入手数料、関税、検査料などについては注意が必要です。

（6） 評価損計上根拠の確認

　棚卸資産について評価損を計上した場合には、品質低下、陳腐化等その原因及び計上額の算定根拠を確認しておき、調査の際、その理由や、金額につき説明ができるようにしておくことが必要です。

（7） 廃棄損計上の妥当性の確認

　廃棄損を計上した場合、実際に棚卸資産を除却しているかどうか、また、廃棄が期末までに行われているかどうかを、廃棄業者からの証明書、請求書、廃棄記録等から確認する必要があります。

3-4 棚卸資産勘定の否認事例

 棚卸資産勘定には、どのような否認事例があるのでしょうか。

 棚卸資産勘定の否認事例としては、次のようなものが考えられます。

（1）　棚卸しの際の原始記録より

　保管されている期末棚卸の際の原始記録を詳細に検討したところ、原始記録の一部を破棄していることが明らかになったもの。あるいは、原始記録に記載されている数量の一部を改ざんしていたもの。

（2）　期末棚卸表の集計状況より

　期末棚卸表の集計プロセスにおいて故意に集計額を誤って計算し（集計違算）、期末棚卸高を過少に計上していたもの。

（3）　在庫の現物調査より

　倉庫など棚卸資産の保管場所に臨場し、調査日現在の在庫の状況を確認したところ、調査対象事業年度に購入した商品が期末に計上漏れとなっていた事実が明らかになったもの。

（4）　倉庫保管料より

　倉庫保管料の請求内容から検討を行ったところ、倉庫保管の棚卸商品の一部を除外していたことが明らかになったもの。

（5） 架空売上の計上

期末に仕入単価とほぼ同額の単価で架空の売上を計上する形で棚卸除外を行い、翌期に架空売上における単価より高い単価で簿外売上を行っていたもの。

（6） 付随費用の計上漏れ

引取運賃、荷役費、運送保険料、購入手数料、関税等の費用を棚卸資産の取得価額に含めていなかったもの。

（7） 低い単価による仕入

最終仕入原価法を採用している法人が、期末直前に仕入先に依頼して、異常に低い仕入単価により仕入を行い、期末棚卸資産の単価を引き下げていたもの。なお、翌期首直後の仕入単価は、前期、単価を引き下げた見返りに高めに設定されていた。

（8） 未成工事支出金に係る工事原価の付替え

未成工事に係る工事原価を、完成工事に係る原価に付け替えて期末の未成工事支出金を過少に計上していたもの。

（9） 廃棄損の計上時期誤り

廃棄したとされる商品の廃棄状況を、廃棄業者からの請求書等から検討したところ、期末までに廃棄処分が行われていなかったもの。

3-5 棚卸資産勘定に係る誤りやすい事例

 棚卸資産勘定に係る誤りやすい事例を教えて下さい。

　　誤りやすい事例としては、以下のようなものがあります。

（1）　棚卸資産の取得価額に含めるべき仕入付随費用を棚卸資産の取得価額に含めていなかったもの

　棚卸資産の取得価額には、その購入に際して支出した付随費用も含まれます。

　付随費用には、引取運賃、荷役費、運送保険料、購入手数料、関税のほか、買入事務、検収、整理、選別、配送等に係る費用が該当します（法令32①一、法基通 5 - 1 - 1 ）。

　これらの費用についても棚卸資産の取得価額に含める必要があります。特に、購入手数料、関税につき注意が必要です。

　なお、棚卸資産の取得価額については42頁の「Column3-1　棚卸資産の取得価額」をご参照下さい。

（2）　引取運賃、運送保険料、購入手数料が少額であるという理由で、棚卸資産の取得価額に含めていなかったもの

　棚卸資産の取得価額に含まれる付随費用は、引取運賃、荷役費、運送保険料、購入手数料、関税等の外部付随費用と、買入事務、検収、整理、選別、社内販売所間の移管等に係る内部付随費用とに分類されます（法令32①一）。

　このうち内部付随費用は、その費用の額が、その棚卸資産の購入代価のおおむね3％以内の少額なものである場合には、その棚卸資産の取得価額に含めないことができます（法基通5－1－1）。しかし、外部付随費用については、たとえ少額であってもその棚卸資産の取得価額に含めなければなりません。

（3）　預け在庫、未着品等を棚卸資産として計上していなかったもの

　社内に保管されている在庫商品等については的確に把握されているが、業者の倉庫に預けてある商品、仕入計上済みであるが未着となっている商品、得意先へ搬送中の商品収益計上基準に検収基準を採用している場合における得意先へ搬送中の商品等が計上漏れとなっている事例が見受けられます。

（4）　未使用の消耗品の取得に要した費用を当期の損金としていたもの

　消耗品で貯蔵中のものも棚卸資産に該当しますので、その取得に要した費用はその消耗品を消費した日の属する事業年度において損金とする必要があります。

　ただし、事務用消耗品、作業用消耗品、包装材料、広告宣伝用印刷物、見本品その他これらに準ずる棚卸資産（毎事業年度におおむね一定数量を取得し、かつ、経常的に消費するものに限ります。）の取得に要した費用を継続してその取得をした日の属する事業年度の損金としている場合には、取得時の損金として差し支えありません（法基通2－2－15）。

（5）　期末までに棚卸商品を廃棄していないにもかかわらず廃棄損を計上していたもの

　当期において棚卸商品につき廃棄損を計上するには、当然のことながらその期中にその棚卸商品を廃棄処分することが必要です。

　しかし税務調査において、期末までに廃棄されておらず、その期の損金として認められなかった例が見受けられます。期末に棚卸商品の実地棚卸を行い、それにより廃棄すべき商品が把握された後に廃棄処分を行うので実際に廃棄されたのは翌期であったというようなケースがそれに該当します。

　税務調査においては、棚卸商品が廃棄された事実、日付け、内容等が明らかになる処分業者からの証明書やマニフェスト等を入手しておき、調査官に確かに期末までに廃棄処分を行った事実を証明できるよう準備しておく必要があります。

（6）　流行遅れや機種がモデルチェンジしたことだけを理由に棚卸資産につき評価損を計上していたもの

　棚卸資産が著しく陳腐化した場合には、評価損を計上することができますが、単に流行遅れや機種がモデルチェンジしたことだけでは、著しい陳腐化には該当しません。

　例えば、以下の場合が著しい陳腐化に該当します（法基通9－1－4）。

①　いわゆる季節商品で売れ残ったものについて、今後通常の価額では販売することができないことが既往の実績その他の事情に照らして明らかである場合

②　その商品と用途の面ではおおむね同様のものであるが、型式、性能、品質等が著しく異なる新製品が発売されたことにより、その商品につき今後通常の方法により販売することができなくなった等の事実

が生じた場合

なお、棚卸資産の評価損については44頁の「Column3-2　棚卸資産についての評価損計上」をご参照下さい。

（7）　物価変動、過剰生産、建値の変更等の理由により、棚卸資産の評価損を計上していたもの

棚卸資産について、破損、型崩れ、棚ざらし、品質低下、災害等による著しい損傷、著しい陳腐化が生じた場合などには、評価損の計上が認められます（法令68①一、法基通9－1－5）。

ただし、棚卸資産の時価が単に物価変動、過剰生産、建値の変更等の事情によって低下しただけでは評価損の計上は認められませんので、注意が必要です（法基通9－1－6）。

（8）　2年前に変更した棚卸資産の評価方法を今回また変更しようとしていたもの

棚卸資産の評価方法を変更するためには、その事業年度開始前までに「棚卸資産の評価方法の変更承認申請書」を税務署長に提出し、その承認を受ける必要があります（法令30①②）。

ただし、その承認申請があった場合でも、①現によっている評価の方法を採用してから「相当期間（3年）」を経過していない場合や、②変更後の評価方法によると所得計算が適正に行われないと認められる場合などは、原則としてその申請が認められません（法基通5－2－13）。

なお、3年以内の変更であっても、その変更が合併に伴うものであるなど、変更について特別な理由がある場合には、変更が承認される場合もあります。

（9）　期末棚卸資産の評価方法として後入先出法を適用していたもの

棚卸資産の評価方法について以前は、次の方法が認められていました（旧法令28①）。

① 　原価法

 ⅰ個別法、ⅱ先入先出法、ⅲ後入先出法、ⅳ総平均法、ⅴ移動平均法、ⅵ単純平均法、ⅶ最終仕入原価法、ⅷ売価還元法

② 　低価法

③ 　税務署長の承認を受けた特別な評価方法

しかし、平成21年度の税制改正により、これらの評価方法のうち、ⅲ後入先出法とⅵ単純平均法が廃止されていますので注意が必要です。

（10）　代替性のある棚卸資産について個別法を適用していたもの

棚卸資産の評価方法の一つに個別法があります。個別法とは、個々の棚卸資産についてそれぞれの取得価額をひも付きで評価する方法です。

個別法を代替性のあるいわゆる規格商品について適用した場合、会社にとって都合のよい価額を恣意的に棚卸資産の価額や売上原価とするなど、利益調整に利用される可能性があります。そのため個別法は、通常一の取引によって大量に取得され、かつ、規格に応じて価額が定められている棚卸資産には適用できないこととされています（法令28②）。

Column3-1	棚卸資産の取得価額

1　棚卸資産の取得価額算定の重要性

　棚卸資産の取得価額の算定は、売上高に対する売上原価の算定、期末棚卸資産計上額の算定の基礎となり重要なものです。また、税務調査においても期末棚卸資産計上額が過少であるという指摘をされる場合があり注意が必要です。

2　購入した棚卸資産の取得価額の算定

　購入した棚卸資産の取得価額には、その購入の代価に加えて、これを消費し又は販売の用に供するために直接要したすべての費用の額が含まれます。

　したがって、購入代価のほか、引取運賃、荷役費、運送保険料、購入手数料、関税など購入のために直接要した付随費用についても棚卸資産の取得価額に算入する必要があります。

　特に、購入に関して生じる運送保険料、関税をその取得価額に算入せず、誤って保険料、租税公課などの費用として処理している場合が見受けられますので注意が必要です。

3　少額な付随費用の取扱い

　棚卸資産の取得価額に算入すべき付随費用のうち、次の費用については、重要性の原則等の観点から、これらの費用の額の合計額が少額（その棚卸資産の購入代価のおおむね3％以内の金額）である場合には、その取得価額に算入しないことができます（法基通5-1-1）。

（1）　買入事務、検収、整理、選別、手入れ等に要した費用の額
（2）　販売所等から販売所等へ移管するために要した運賃、荷造費等の費用の額
（3）　特別の時期に販売するなどのため、長期にわたって保管するために要した費用の額

　ただし、このような処理が認められるのは、上記（1）から（3）のような、購入後に要した付随費用についてのみであり、引取運賃、荷役費、

運送保険料、購入手数料、関税など購入の際に直接要した付随費用につい
てはたとえ少額なものであってもその取得価額に算入する必要があります
ので注意が必要です。

　なお、棚卸資産の保管費用（保険料を含み、上記（3）の費用を除きま
す。）も、その取得価額に算入しないことができます。

Column3-2 棚卸資産についての評価損計上

1 棚卸資産につき評価損の計上が認められる場合

　法人が有する棚卸資産について、災害などによる著しい損傷や著しい陳腐化など、次の（1）から（3）のような事実が生じたことにより期末における時価が帳簿価額を下回ることになった場合には、その棚卸資産について、損金経理により、評価損を計上することが認められています（法令68①一）。

（1）　災害による著しい損傷

　震災や風水害等により被災し、棚卸資産が著しい損傷を受けた場合。

（2）　著しい陳腐化

　棚卸資産そのものには物質的な欠陥はないが、経済的な環境の変化に伴ってその価値が著しく減少し、その価額が今後回復しないと認められるような場合。

　具体的には、棚卸資産に次のような事実が生じた場合がこれに該当します（法基通9−1−4）。

　① 　いわゆる季節商品で売れ残ったものについて、今後通常の価額では販売することができないことが過去の実績等に照らして明らかであること。

　　　なお、「季節商品」とは、例えば正月用品やクリスマス用品など一定の季節でなければ販売できない商品という意味ではなく、極めて流行性が強いため、その時期に販売しなければ流行遅れとなって、もはや通常の価額では販売できないような商品をいいます。

　② 　その商品と用途の面ではおおむね同様のものであるが、型式、性能、品質等が著しく異なる新製品が発売されたことにより、その商品を今後通常の方法により販売することができないようになったこと。

（3）　その他特別の事実

　その他、破損、型崩れ、棚ざらし、品質変化等により通常の方法によって販売することができないようになったような場合も評価損の計上が認められます（法基通9−1−5）。

2　評価損計上に当たっての留意点

　棚卸資産の時価が単に物価の変動、過剰生産、建値の変更等の事情によってその価額が低下しただけでは、評価損の計上は認められませんので注意が必要です（法基通 9 － 1 － 6 ）。

　棚卸資産の評価損を計上した場合は、税務調査時にその計上の妥当性につき質問されることが多いため、どのような事実に基づいて評価損を計上したか、その際の時価の算定はどのように行ったか、というようなことにつき説明できるよう準備しておくことが必要です。

第4章

売上割戻し

4-1 売上割戻し勘定の目のつけどころ

 売上割戻し勘定についての調査ポイントには、どのようなものがありますか。

 売上割戻しとは、商習慣の一種で、得意先に対する払戻し、ないしは金銭支出のことをいいます。

その額は、その会社の売上高や売掛金の回収高に比例して、又は売上高の一定額ごとに、あるいは得意先の営業地域の特殊事情、協力度合等を勘案して決められます。

売上割戻し勘定の調査は、その計上時期は妥当か、交際費等に該当するものはないか、不正行為を行っていないか、などという点を中心に調査が行われます。

具体的な調査ポイントを、次に挙げます。

（1）　売上割戻しの計上時期は妥当か

売上割戻しの計上時期については、相手方に対し、その算定基準の明示があるか否かにより、原則として［図表4－1］のように定められています（法基通2－1－1の12）。

調査官は、この基準に従って売上割戻しが正しく計上されているかどうかを詳細に検討することになります。

なお、売上割戻しと仕入割戻しとの計上時期の相違については60頁「Column4-1　売上割戻しと仕入割戻しの計上時期の相違」をご参照下さい。

[図表4－1]　売上割戻しの計上基準

	売上割戻しの種類	計上時期
①	その算定基準が販売価額又は販売数量によっており、かつ、その算定基準が相手方に明示されている売上割戻し	割戻しの対象となる商品を販売した日か相手方に割戻額を通知又は支払った日
②	①以外の売上割戻し	割戻額を通知又は支払った日

（2）　交際費等に該当する売上割戻しはないか

　売上割戻しが金銭により得意先に支払われている場合は問題ありませんが、得意先ではなく得意先の従業員などに支払われているような場合は、交際費課税の問題が生じます。

　また、金銭ではなく物品等により売上割戻しを行った場合も、交際費課税の問題が生じます。

　次の［図表4－2］のように、売上割戻しと同一の基準により事業用資産あるいは少額物品を交付した場合には問題ありませんが、それ以外の物品等を交付した場合には、交際費課税の問題が生じることになります（措通61の4(1)－3）。

　売上割戻しと交際費等との関係については、61頁の「Column4-2　交際費等に該当する売上割戻し」もご参照下さい。

[図表4－2] 売上割戻しと同一の基準により物品等を交付する場合

交　付			処　理
金銭			単純損金
物品	事業用資産（注1）	棚卸資産	
		固定資産	
	それ以外	少額物品（注2）	
		それ以外	交際費等
旅行、観劇、食事等			

（注1） 事業用資産とは、相手方において棚卸資産又は固定資産として販売又は使用することが明らかな物品をいいます。

（注2） 少額物品とは、その購入単価がおおむね3,000円以下の物品をいいます。

（3） 架空の売上割戻しはないか

　税務調査は不正発見を重点に行われますので、架空の売上割戻しを計上していないかという点も、重要な調査ポイントとして挙げられます。

（4） 取引先に対する不正加担はないか

　調査法人の不正発見だけではなく、得意先等の不正に加担していないかということも、調査における大きな注目点となります。

　例えば、相手先の要請により、割戻金を相手先の簿外口座や代表者個人の口座に振り込んだり、割戻金を支払わずに相手方の簿外資産として積み立てているような場合がそれに当たります。

4-2 売上割戻し勘定の調査方法

 売上割戻し勘定について、実際には調査官はどのように調査を進めるのでしょうか。

 おおむね次のような点を中心に調査を進めていくものと思われます。

（1）　算定基準等の把握

まず、実施された売上割戻しにつき、調査官は、その割戻しがどのような算定基準等に基づいて実施されたのかを把握します。すなわち、売上高、売掛金の回収高に比例してなのか、売上高の一定額ごとなのか、あるいは、得意先の特殊事情等を勘案したものなのかを契約書、覚書、連絡文書等から把握するのです。

その際、契約書、覚書等がバックデートして作成されていないかということも、調査の対象となります。

（2）　計上時期の妥当性の検討

次に、49頁の［図表4－1］の基準に従って、売上割戻しが計上されているかを検討します。

売上割戻しの算定基準が相手方に明示されていない割戻しについては、原則として、割戻額の通知を行った日、あるいは支払った日まで売上割戻しを計上できないわけですから、計上日までに支払、通知が行われているか、あるいはその算定基準が内部的に決定されているかどうかを金銭の支払記録、得意先への通知書、社内の決裁文書、議事録などから確認します。

（3） 割戻額の妥当性の検討

　売上割戻しが一定の算定基準に基づいて実施されている場合、その算定基準の基礎となる売上高、売掛金の回収高等から割戻額の妥当性を検討します。

　割戻額の妥当性を確かめるために、定められた算定基準により割戻額を、調査官自らが計算してみるといったことも行われます。

（4） 交付状況等からの検討

　さらに、割戻金等の得意先に対する交付状況を確認することも行われます。

　割戻金が、得意先以外に支払われている場合には、不正行為や交際費課税の問題が生じる場合があります。

　また、金銭以外で割戻しが行われている場合には、その物品等が、事業用資産や少額物品に該当するかどうかを確認し、該当しない場合には交際費等とされます（50頁の［図表4－2］参照）。

　なお、契約等により一定期間（契約解除等特別の事実が生じる時までとか、5年を超える一定期間が経過する時まで）割戻金の支払いが留保されているような場合は、現実に割戻金の支払いがなされるまではその計上が認められませんので、割戻金留保の有無も調査事項となります（法基通2－1－1の13）。

4-3 否認を受けないための対応策

 Q 売上割戻しについて、否認を受けないための対応策を教えて下さい。

 A 売上割戻しについて否認を受けないための対応策としては、次のようなものが考えられます。

（1） 契約内容等からの確認

売上割戻しの契約内容を確認し、割戻額の算定根拠、計上時期を再度確認する必要があります。

また、割戻しが、売上高等の一定の基準によらないものである場合、その割戻しが、得意先の営業地域の特殊事情、協力度合い等を勘案して金銭で支出されるようなものであることを説明できるよう準備しておく必要があります。

（2） 相手方への支払い、通知、算定基準明示の有無の確認

売上割戻しの計上時期は、原則として割戻額を通知又は支払った日、その算定基準が販売額等によっており、その算定根拠が相手方に明示されている場合は割戻しの対象となる商品を販売した日、割戻額を通知した日又は支払った日となります（法基通2-1-1の12）。

したがって、売上割戻しを計上する場合、これらの事実に基づき、計上がなされているかを確認しておく必要があります。

（3）　物品等により売上割戻しを行っている場合における物品等の内容確認

　売上割戻しと同一の基準で物品等を得意先等に交付する場合、その物品等が少額物品や事業用資産でない場合には交際費課税の問題が生じますので、その物品等の内容を確認する必要があります（措通61の4⑴−3）。

（4）　支払相手先の確認

　割戻金の支払相手先が、得意先そのものではなく、その得意先の代表者、従業員等である場合には、交際費課税の問題が生じますので注意が必要です。

（5）　割戻金を留保している場合

　契約等により一定期間（5年超など）割戻金の支払いが留保されている場合には、原則として、現実に支払いがなされるまでその計上は認められませんので、その留保状況を確認しておく必要があります（法基通2−1−1の13）。

　ただし、割戻金を留保している場合でも、以下のような事実があり、相手方がその利益を実質的に享受したと認められる場合には、その享受したと認められる日に売上割戻しを計上することができます（法基通2−1−1の14）。

① 相手方との契約等に基づき、その割戻額に通常の金利を付すとともに、その金利相当額については現実に支払っているか、又は相手方からの請求があれば支払うこととしていること。
② 相手方との契約等に基づき、保証金等に代えて、有価証券その他の財産を提供できることとしていること。
③ 保証金等として預かっている金額が売上割戻額のおおむね50％以下

であること。

④　相手方との契約等に基づき、売上割戻しの金額を相手方名義の預金
又は有価証券として保管していること。

4-4 売上割戻し勘定の否認事例

 売上割戻し勘定には、どのような否認事例があるのでしょうか。

 売上割戻し勘定の否認事例としては、次のようなものが考えられます。

（1） 架空の売上割戻し計上

簿外資金を捻出するため、架空の売上割戻し契約書を作成し、現金で架空の割戻額を支出していたもの。

（2） 相手方との通謀

正規の割戻額に一定額を上乗せして割戻金を相手方に支払い、簿外で上乗せ分の返戻を受けていたもの。

（3） 契約日の改ざん

売上割戻しに係る契約書をバックデートして作成し、売上割戻しに仮装して相手先に対する利益供与を行っていたもの。

（4） 契約内容から

契約上の算定基準における割戻額より、実際に支払われた割戻額の方が過大であったもの。

（5） 支払相手先から

割戻金を得意先ではなく、得意先の従業員個人に支払っていたもの。

（6）　割戻金の留保状況から

　割戻金の支払いを特約店契約解約時まで留保する旨の契約であるにも
かかわらず、割戻しの対象となる商品を販売した都度、割戻しを計上し
ていたもの。

4-5 売上割戻し勘定に係る誤りやすい事例

Q 売上割戻し勘定に係る誤りやすい事例を教えて下さい。

A これまで説明したものの他、売上割戻し勘定に係る誤りやすい事例として、売上割戻しと同一の基準で物品を交付する場合における少額物品、事業用資産の判定があります。

（1） 売上割戻額を商品券で交付しているにもかかわらず交際費等としていなかったもの

　売上割戻しと同一の基準で物品を得意先等に交付する場合、その物品が少額物品（その購入単価がおおむね3,000円以下の物品）である場合には、その物品の交付に要する費用は交際費等には該当しません（措通61の4(1)-3）。

　この少額物品かどうかの判定の要素となる購入単価は、通常の取引単位ごとの金額によるものとされています。よく問題となるのが、ビール券や商品券のような商品引換券が少額物品にあたるかどうかですが、その判定は下記の［図表4－3］のように行うこととされています。

［図表4－3］ 商品引換券における少額物品の判定	
① ビール券、図書券などのように、引き換えることができる物品が特定されているもの	その商品引換券の1枚の券面額、又はこれに相当する金額を基準として少額物品かどうかの判定を行う
② 商品券、お買物券、クオカードなどのように、引き換えることができる物品の種類が特定されていないもの	券面金額がいくらであるかにかかわらず少額物品には該当せず、交付に要した費用は交際費等となる

| ③　旅行券、観劇券、食事券などのように、これと引換えに特定のサービスが提供されるもの | サービスは物品ではないので、②と同じく交付に要した費用は交際費等となる |

（2）　売上割戻しとしてゴルフクラブを交付しているにもかかわらず交際費等としていなかったもの

　売上割戻しと同一の基準で物品を得意先等に交付する場合、その物品が事業用資産（相手方において棚卸資産又は固定資産として販売又は使用することが明らかな物品）である場合には、その物品の交付に要する費用は交際費等に該当しないものとされます。

　この場合、交付した物品が事業用資産に該当するかどうかは、その物品の性格に応じて判断し、それは、おおむね［図表4－4］のような区分により判断されます（措通61の4(1)－3）。

［図表4－4］　事業用資産の具体例	
①　事業用資産に該当するもの	イ　商品陳列棚、レジスターなど事務用として確実に用いられると認められる器具備品 ロ　商品運搬用の貨物自動車 ハ　従業員の使用する作業服など
②　事業用資産に該当するとはいえないもの（注）	イ　指輪、ブローチ、ネックレスなどの宝石や貴金属類 ロ　絵画や彫刻、書画骨董などの美術品 ハ　ゴルフクラブ、テニスラケット、テレビゲーム機などの娯楽、スポーツ用品 ニ　鏡台、タンス、ベッドなどの家庭用家具 ホ　電子レンジ、カラーテレビ、洗濯機などの家庭用電化製品

（注）　②に例示したものでも、得意先の業種、業態によってはこれを事業のために使用することが明らかな資産である場合もありますので、このような場合には、その得意先の事情により判断する場合も考えられます。

Column4-1
売上割戻しと仕入割戻しの計上時期の相違

　売上割戻しと仕入割戻しは、いずれも、売上代金や仕入代金の一部を取引高、決済高等を基準にして返戻するものをいいますが、その計上時期は両者で異なりますので注意が必要です。

1　売上割戻しの計上時期

　売上割戻しの計上時期は、その算定基準が相手方に明らかにされているか否かにより原則として次のようになります。

（1）　その算定基準が販売価額や販売数量によっており、かつ、その算定基準が契約等により相手方に明らかにされているもの

　・①割戻し対象商品を販売した日、②相手方に割戻額を通知した日、③相手方に割戻額を支払った日、いずれかの日の属する事業年度

（2）　それ以外のもの

　・①相手方に割戻額を通知した日、②相手方に割戻額を支払った日、いずれかの日の属する事業年度

2　仕入割戻しの計上時期

　一方、仕入割戻しの計上時期は次のように定められています。

（1）　その算定基準が購入価額や購入数量によっており、かつ、その算定基準が契約等により相手方に明らかにされているもの

　・割戻し対象商品を購入した日の属する事業年度

（2）　それ以外のもの

　・割戻額の通知を受けた日の属する事業年度

3　両者の計上時期の相違点

　両者の計上時期を比較すると、売上割戻し（損金）については、比較的その計上時期が緩やかに定められているのに対し、仕入割戻し（益金）については、その計上時期が厳しく定められています。

　税務調査においても、特に、仕入割戻しの未収計上漏れを指摘される場合が多く見受けられますので注意が必要です。

Column4-2　交際費等に該当する売上割戻し

　売上割戻しとは、売上代金の一部を、売上高や代金回収高などを基準に得意先等に対して返戻するものであり、その割戻しを金銭により行った場合には、その割戻額は交際費等ではなく単純損金となります。

　しかし、売上割戻しを金銭以外のものにより行った場合、以下のように、その交付に要した費用が交際費等として取り扱われる場合がありますので注意が必要です。

　交際費等に該当するもの、しないものの判断基準は、売上割戻しを行った場合、相手方において必ず仕入割戻しとして益金計上されるような性質のものであるか否かということが基本になると考えられます。

1　物品による売上割戻し

（1）　事業用資産による割戻し

　金銭による売上割戻しと同じ基準により事業用資産を得意先等に交付した場合、その交付費用は交際費等に該当しません。

　なお、事業用資産とは、相手方が棚卸資産又は固定資産として販売、使用することが明らかな物品のことをいい、具体的には、販売用商品、商品陳列棚、レジスター、従業員用作業服、商品搬送用貨物自動車などがこれにあたります。

　一方、ゴルフクラブやテレビゲーム機、宝石・貴金属、テレビなど、相手方において棚卸資産又は固定資産として販売、使用することが明らかでない物品を交付した場合には、その交付費用は交際費等に該当します。

（2）　少額物品による割戻し

　その購入単価がおおむね3,000円以下の少額な物品を金銭による売上割戻しと同じ基準により得意先等に交付した場合もその交付費用は交際費等には該当しません。

2　旅行、観劇、食事等による割戻し

　売上割戻しに代えて旅行、観劇、食事等に得意先等を招待する場合がありますが、このような招待は、得意先等の役員や従業員の個人的欲望を満足させるためのものであるため、その招待等に要した費用は交際費等とされます。

第5章

交際費等

交際費等における調査ポイント

① 交際費等に該当する費用を他の費用に仮装していないか

② 交際費等以外の科目の中に交際費等に該当するものが含まれていないか

③ いわゆる5,000円基準の適用に誤りはないか

④ 固定資産、棚卸資産の取得価額の中に交際費等に該当するものが含まれていないか

⑤ 交際費等の中に、個人的費用や使途秘匿金に該当するものが含まれていないか

5-1 交際費勘定の目のつけどころ

 交際費勘定の調査ポイントには、どのようなものがありますか。

A 交際費等とは、「交際費、接待費、機密費その他の費用で、法人が、その得意先、仕入先その他事業に関係のある者等に対する接待、供応、慰安、贈答その他これらに類する行為のために支出するもの」をいうとされています（措法61の4⑥）。

したがって、その範囲は広く、その支出の相手方は得意先、仕入先だけではなく、同業者、従業員、株主、地域住民などの事業関係者が含まれます。

また、単なる飲食、贈答の費用だけではなく、謝礼金、リベート、情報提供料、談合金、地元対策費なども交際費等に含まれる場合があり、その処理について誤りが多く見受けられます。

さらに、その否認額は売上の繰延べや経費の繰上計上、あるいは棚卸資産の計上漏れなどとは異なり、翌期以降認容（減算）とならず、社外流出となるため、その影響は大きいものとなります。

交際費等の調査は、主に、帳簿に記載されているものにつき、その内容を検討するという方法で行われるため、調査官にとっても、調査が比較的容易な科目となります。

交際費等に係る支出は減少傾向にあるとはいえ、交際費等は税務調査の際、必ずといっていいほど調査の対象となる科目です。

交際費勘定の調査ポイントとしては、次のようなものがあります。

（1）　交際費等に該当する費用を他の費用に仮装して処理していないか

　交際費課税を免れるために、人数の水増し、請求書・領収書等の内容改ざん、バックデートによる契約書の作成、中間業者の介在などの仮装行為が行われている場合があります。

　そのような不正行為が明らかになれば、当然、重加算税対象の否認となります。

　法人がこのような不正行為を行っていないかどうかということが、まず調査のポイントとなります。

（2）　交際費等以外の科目の中に交際費等に該当するものが含まれていないか

　これはいわゆる「他科目交際費」の検討といわれるもので、調査において必ず行われるものです。

　交際費等以外の費用科目の中に、税務上の交際費等に該当するものが誤って含まれていないかどうかが調査のポイントとなります。

　特に、誤りやすく調査の対象となる勘定科目としては、会議費、支払手数料、売上割戻し、広告宣伝費、福利厚生費、給料、寄附金、雑費などが挙げられます。

（3）　いわゆる5,000円基準の適用に誤りはないか

　1人当たり5,000円以下の飲食費については、交際費等の範囲から除かれます（いわゆる「5,000円基準」）が、この基準の適用があるのは、得意先等を接待する場合における飲食費に限られています（措法61の4⑥二、措令37の5）。

　したがって、いわゆる社内飲食費（社内の者だけでの飲食等）、物品の贈答費用、ゴルフや旅行、観劇などに招待するための費用や接待等に

伴って発生する交通費などについては5,000円基準の適用はありません。

　調査の際は、この5,000円基準が正しく適用されているかどうかが調査のポイントとなります。

　また、5,000円基準を適用させるために、人数の水増しや領収書・請求書の分割等が行われていないかどうかも当然、調査のポイントとなります。

　なお、5,000円基準の詳細については85頁の「Column5-1　交際費等における5,000円基準」をご参照下さい。

（4）　固定資産、棚卸資産の取得価額の中に交際費等に該当するものが含まれていないか

　交際費等は、その接待等に係る支出が行われた事業年度において課税関係が生じます。したがって、交際費等に該当する費用が固定資産、棚卸資産の取得価額に含まれており、その期の損金になっていない場合でも、その交際費等は支出の事実があった期の交際費等として損金不算入額の計算の対象にしなければなりません（措通61の4(1)-24）。

　そこで、固定資産、棚卸資産の取得価額についても、その中に交際費等が含まれていないかということが調査のポイントとされます。

　なお、その交際費等の金額のうち損金不算入となる金額があるときは、その事業年度終了の時における固定資産等の取得価額を一定額減額することができます。

　資産の取得価額に含まれている交際費等の取扱いについては、91頁の「Column5-4　資産の取得価額に含まれている交際費等」をご参照下さい。

（5）　交際費等の中に、個人的費用や使途秘匿金に該当するものが含まれていないか

　法人が交際費等として処理し、損金不算入の対象としている費用の中にも、その内容が、役員等の個人的費用や使途秘匿金に該当するものが含まれている場合があります。

　その場合、役員等の個人的費用であればその役員に対する源泉所得税の問題が、使途秘匿金であれば使途秘匿金課税（40％の税額加算）の問題が別途生じますので（措法62①）、損金不算入の対象とされている交際費等についても調査のポイントとされる場合があります。

5-2 交際費勘定の調査方法

 交際費勘定につき、調査官はどのように調査を進めるのでしょうか。

 交際費勘定について、調査官はおおむね次のような点を中心に調査を進めていくものと思われます。

（1） 社内におけるチェック体制の把握

まず、どのような費用を交際費等としているのか、また、その判定はどの部署で行っているのか、交際費支出の承認はどの部署で行っているのかなど、社内における交際費等のチェック体制を把握します。

（2） 元帳、経費帳、証ひょう類、契約書等からの検討

次に、元帳・経費帳などから、交際費等に該当するのではないかと思われる費用を抽出し、それに係る請求書、領収書、契約書等からその内容を検討し、交際費等加算漏れの有無を調査します。

その際は、請求書、領収書に人数の水増し、内容の書換えなどの改ざんはないか、契約書がバックデートして作成されていないかなど、証ひょうや契約書そのものについて不審点はないかということも調査の対象となります。

（3） 稟議書、社内決裁文書からの検討

稟議書、社内決裁文書等から、費用の支出目的、支出内容などを検討し、交際費等に該当するものがないかを検討します。

その際、費用の支出や資産の購入に係る稟議書等はもちろん、取引先

とのクレームやトラブル、契約解消など特異な事項に係る稟議書等については、その内容を検討することになります。

（4）　交際費等に係る予算、実績からの検討

　会社によっては、各部署や担当者ごとに、交際費等に係る予算があらかじめ定められている場合があり、その予算を超えて交際費等が必要となった場合に他の科目に仮装して支出を行い、結果的に交際費課税を免れているというような場合があります。

　そのため、各部署の予算、実績の状況を把握し、それを端緒として交際費課税の検討を行うという場合もあります。

（5）　業種、業態からの検討

　各業種、業態に応じ、その業種、業態に特有の交際費等の支出があります。

　例えば、建設業における地元対策費・談合金や元請担当者に対するリベートの支出、貿易業における海外ブローカーに対する受注謝礼金の支出、医薬品製造販売業における病院や医者に対する利益供与、大手小売業における新規出店時の既存地元小売店に対する対策費などがこれに該当します。

　調査官はその業種、業態に特有の支出について理解、精通したうえで調査に臨み、これらの支出が交際費等として処理されているか、また計上がない場合には、他の科目に仮装して支出されていないかの検討を行います。

（6）　反面調査の実施

　以上は、社内における帳簿や資料による調査ですが、それだけでは取

引の実態が明らかにならない場合には、その支出先に対して反面調査を行い、取引内容を確認するというような場合もあります。

5-3 否認を受けないための対応策

Q 交際費等について否認を受けないための対応策を教えて下さい。

A 交際費等について否認を受けないための対応策としては、まず「交際費以外の科目に交際費等に該当するものが含まれていないか」をチェックすることが最も重要と思われます。

以下、科目別に具体的なチェックポイントを挙げていきたいと思います。

（1）　寄附金

事業に直接関係のない者に対して、金銭や物品などを「贈与」した場合は、原則として寄附金として取り扱われます。

一方、得意先や仕入先など、事業に関連する者に対して金銭や物品などを交付した場合、税務調査においては、何らかの見返りを期待して行われる「贈答」とみなされ、交際費等として認定される場合が多いようです。

したがって、寄附金勘定の中に事業に関連する者に対する支出などが含まれている場合、それが交際費等に該当するものでないかを十分に検討しておく必要があります。

交際費等と寄附金の違いについては、107頁の「Column6-1　交際費等と寄附金」をご参照下さい。

（2）　売上割戻し

得意先等に対し、売上高に比例して、あるいは売上高の一定額ごとに金銭で支出する売上割戻しは、交際費等に該当しません。

しかし、割戻しを金銭ではなく物品等の交付で実施する場合、例えば指輪・宝石などの貴金属類、高級ゴルフクラブ、商品券、食事券など、事業用資産（棚卸資産や相手方が固定資産として販売又は使用することが明らかな物品）や少額物品（購入単価がおおむね3,000円以下の物品）以外のものを交付すると、交際費等に該当することになります（措通61の4(1)-3）。

また、割戻金をその得意先等ではなく、得意先等の役員や担当者個人に支払った場合は、たとえ金銭で支出されたものであっても交際費等となります。

なお、売上割戻しと交際費等の関係については61頁の「Column4-2 交際費等に該当する売上割戻し」をご参照下さい。

（3）　販売促進費

一般顧客から新規顧客を紹介してもらったことに対する謝礼金などのように、情報提供を業としていない者に対する情報提供に係る謝礼金については、次の3つの要件をすべて満たしていなければ交際費等に該当することになりますので、注意が必要です（措通61の4(1)-8）。

①　その金品の交付があらかじめ締結された契約に基づくものであること

②　提供を受ける役務の内容がその契約において具体的に明らかにされており、かつ、これに基づいて実際に役務の提供を受けていること

③　交付した金品の価額が役務の内容に照らし相当と認められること

なお、①における「契約」についてですが、必ずしも契約書の形で作

成されたものである必要はなく、チラシ・ポスター、ホームページ等により条件を広く周知させる方法でも差し支えありません。要は、謝礼金の額を支払う側の裁量で決めるのではなく、相手側の方からも「これこれの役務を提供したのだから、これこれの謝礼金を下さい」と請求できるような条件を事前に明示しておくことが必要ということです。

　情報提供料と交際費等の関係については、87頁の「Column5-2　情報提供料と交際費等」をご参照下さい。

（4）　広告宣伝費

　通常、広告宣伝活動は、不特定多数の一般消費者を対象として行われるものとされています。したがって、例えば製薬業者が医者等に対し、一定額以上の購入者の中から抽選で海外旅行に招待するといったようなキャンペーン費用は、医者という特定の得意先の歓心を買い、自社製品購入を期待するための費用とされ、交際費等に該当します。

　次のような者は一般消費者にはあたりませんので注意が必要です（措通61の4(1)-9注書）。

①　医薬品メーカー・販売業者における医師や病院

②　化粧品メーカーにおける美容院、理容院

③　建材メーカーにおける建築業者

④　肥料メーカーにおける農家など

　なお、カレンダー、手帳、扇子、うちわ、手拭い等を配付する費用については、通常、交際費等には該当しませんので、できるだけこのようなものを、広告宣伝活動に用いるのも一つの方法です（措令37の5）。

（5）　福利厚生費

　交際費等における接待等の相手方は、得意先や仕入先などはもとよ

り、会社の役員、従業員、株主、地域住民等も含まれます（措法61の4
⑥）。

　したがって、例えば社内において、特定の優秀な社員のみを酒食によ
り慰労するような場合は、通常の福利厚生活動のように、全社員一律
で、かつ、社会通念上一般的に行われているものとは異なるため、特定
の従業員に対して接待等を行ったものとされ、交際費等とされる場合が
あります。

（6）　会議費

　来客との商談、打合せなどに際して、社内又は通常会議を行うのにふ
さわしい場所において、昼食の程度を超えない飲食物等の接待に要する
費用は交際費等には該当しないとされています（措通61の4(1)-21）。

　この「昼食の程度」には、食事の際における、お茶がわりのビール
1～2本程度も含まれるとされており、アルコールを提供すれば即交際
費等になるというものではありません。

　両者の区分については、

① 　時間帯：昼か夜か、また会議中か会議後か

② 　場所：会議を行うのにふさわしい場所か

③ 　単価：相手方の地位によりその金額が異なってくる場合もある

④ 　アルコールの程度：会議の後は不可、会議の途中であれば、当然、
　　その食事後、会議が再開できる程度

などをもとに社内で基準をつくり、その基準に従って統一的に処理する
ことが望ましいと思われます。

　また、税務調査の際にも調査官にこの基準を示し、処理の妥当性を確
認してもらうことが必要です。

　なお、5,000円基準は、交際費等に該当する飲食費について適用され

るものであり、その支出が交際費等ではなく会議費に該当するものであれば、たとえ 1 人当たりの単価が5,000円超であったとしても交際費等には該当しないものと思われます。

（7）　旅費交通費

　交際費等には、得意先等を接待、供応するための費用がすべて含まれます。したがって、接待の際、得意先をタクシーなどで送迎する費用や、手土産なども交際費等となります。

　この接待時のタクシー代を、交際費等に含めていない法人が多く見受けられます。

（8）　会費

　親睦を目的とした同業者団体の会費やロータリークラブ、ライオンズクラブ等の入会金、通常会費などは原則として交際費等に該当します（法基通 9 － 7 －15、9 － 7 －15の 2 ）。同業者団体については、その会則などを必ず入手のうえ内容を確認し、交際費等とすべき会費でないかどうかを確認する必要があります。

　また、ゴルフクラブの会費やプレー代が交際費等となるのはもちろんですが、名義書換料（新規に会員権を取得した場合を除きます。）やロッカーフィーも交際費等となりますのでご注意下さい（法基通 9 － 7 －13）。

　なお、新規に会員権を取得した場合に支出する名義書換料は、その会員権の取得価額に含める必要があります。

（9）　交際費等

　交際費等の調査は、本来、交際費勘定以外の勘定科目について調査を行うものですが、交際費勘定そのものについて調査を行い、個人的費用

の支出や使途秘匿金が含まれていないかなどを検討することがあります。

（10）　その他

　その他、入札における談合金の支出や株主総会対策として、いわゆる総会屋等に支払う費用についても交際費等とされますが（措通61の4(1)-15(6)、(10)）、これらの支出は外注費、支払手数料、広告料、情報提供料などの科目に仮装して支出されることが多いようです。

　税務調査において、これらの支出が交際費等であるとして否認された場合は、科目やその内容を仮装しているとして重加算税の対象となる場合がほとんどです。

　これらの支出は、本来あってはならないものですが、仮に支出する場合は、当初の申告において的確に交際費等として処理しておく必要があります。

5-4 交際費勘定の否認事例

 Q　交際費勘定には、どのような否認事例があるのでしょうか。

 A　交際費勘定の否認事例は多様であり、不正行為を伴って否認されるケースもあります。

事例としては、以下のようなものが挙げられます。

（1）　中元、歳暮の費用

中元、歳暮に係る費用のうち、その単価が5,000円以下のものを抽出し、少額であるという理由だけで交際費等から除いていたもの。

（2）　社員慰労のための費用

特定の社員のみを対象とした、「慰労」という名目での高級クラブ等における飲食の費用を、福利厚生費として処理していたもの。

（3）　居酒屋での会議費

本来、会議を行うのにふさわしくない場所である居酒屋等での飲食費用を、打合せのための会議費として処理していたもの（1人当たり5,000円超のもの）。

（4）　会議が終わったあとの飲食費

得意先との社内における商談が終了した後、打ち上げのため料亭等で飲食した費用を、会議費として処理していたもの（1人当たり5,000円超のもの）。

（5）　得意先の役員に対する売上割戻し

　本来、得意先に対して行うべき売上割戻しを、得意先に対してではなく、その得意先の役員や従業員個人に対して行っていたもの。

（6）　事業用資産でないものによって行われた売上割戻し

　売上割戻しと同一の基準で得意先に物品を交付しているが、その物品が、指輪等の宝石・貴金属類、ゴルフクラブセット、ゲーム機など事業用資産に該当しないもので行われていたもの。

（7）　談合金の仮装計上

　談合金の支出を明らかにするのを避けるため、談合金を外注費として計上し、帳簿等に架空の作業内容を記載していたもの。

（8）　地元対策費の支出

　工場建設の際に生じた地域住民の建設反対運動を阻止するため、地元の有力者に支払った工作活動費を設計料等に仮装計上していたもの。

（9）　情報提供料の支出

　情報提供を行うことを業としていない者に対して情報提供料を支出した際、契約に基づいて支出しなければ交際費等となってしまうため、後日、契約書をバックデートして作成していたもの。

（10）　5,000円基準の不正適用

　いわゆる5,000円基準を適用させるため、参加人数の水増し、請求書や領収書の分割などを行い、1人当たりの飲食費の単価を5,000円以下であるとしていたもの。

5-5 交際費勘定に係る誤りやすい事例

交際費勘定に係る誤りやすい事例を教えて下さい。

誤りやすい事例としては、以下のようなものがあります。

（1）　接待に係るタクシー代を交際費等としていなかったもの

得意先などを接待する際に支出したタクシー代も接待等に要した費用となり、交際費等に含まれます。

その場合、具体的には、得意先を接待を行う場所まで招くためのもの、得意先を自宅まで送り届けるためのもの、接待を行う自社の社員が接待を行う場所まで移動するためのもの、接待が終わって自社の社員が深夜に帰宅するためのものなどが、一般に該当すると思われます。

なお、社員が取引先等から接待を受けるために、その会場までの交通費等を接待を受ける側が支出した場合、その負担した交通費等は交際費等には該当しません。

（2）　売上割戻し等の中に、得意先に物品を交付するための費用や得意先を旅行等に招待するための費用が含まれているにもかかわらず交際費等として処理していなかったもの

法人がその得意先に物品を交付するための費用やその得意先を旅行、観劇等に招待する費用は、その物品の交付又は旅行、観劇等への招待が売上割戻しと同様の基準で行われるものであっても、交際費等に該当します。

　ただし、売上割戻し等の算定基準と同一の基準で交付される物品が、得意先等において棚卸資産として販売したり固定資産として使用することが明らかであるようなもの又はその物品の購入単価がおおむね3,000円以下であるようなものである場合は、これらの物品を交付するための費用は、交際費等に該当しないものとすることができます。

　交際費等に該当する売上割戻しについては61頁の「Column4-2　交際費等に該当する売上割戻し」をご参照下さい。

（3）　売上割戻しと同一の基準で商品券を交付しているにもかかわらず交際費等として処理していなかったもの

　商品券、お買物券など、引き換えることができる物品が特定されない商品引換券を得意先等に交付した場合、たとえそれが売上割戻しと同一の基準で交付していたとしても、その交付に要した費用は交際費等に該当します。

　また、旅行券、観劇チケット、お食事券等、これと引換えに特定のサービスが提供されるような商品引換券を交付した場合も同様です。

　一方、ビール券、図書券などのように引き換えることができる物品が特定されているものを売上割戻しと同一の基準で交付した場合、その券の1枚当たりの券面額がおおむね3,000円以下と少額であれば交際費等には該当しません。

（4）　売上割戻しを売上高や売掛金回収高に比例して実施していなかったとして交際費処理していたもの

　売上割戻しは、得意先等に対し、売上高や売掛金回収高に比例させたり、あるいは売上高の一定額ごとに行われるのが通常です。

　しかし、そのような基準によらなくても、得意先がある営業地域の特

殊事情、協力度合い等を勘案して金銭で支出する費用については、交際費等には該当しないとされています（措通61の4(1)-3）。

(5)　スーパー等が新店舗を開設する際、地元商店街に支払った営業補償金を交際費等としていなかったもの

スーパーと地元商店街とは、本来、自由な競争をすべき関係にあります。

したがって、新店舗を開設する際の営業補償金は、地元商店街に金銭を与えることにより反対を抑えるという一種の工作費的な性格を持ち、交際費等に該当します（措通61の4(1)-15(8)）。

(6)　社長の長男である専務の結婚披露宴の費用を、その披露宴に得意先等を多数招いたとして交際費処理していたもの

結婚式や結婚披露宴は、社会通念上、個人的色彩が強い私的な行事であり、その費用は個人が負担すべきものです。

そのため、結婚披露宴の費用は、たとえ会社に関連ある得意先等を多数招いていたとしても、交際費等ではなく専務に対する給与（役員賞与）として取り扱われます。

(7)　得意先等を接待するために新築したゲストハウスに係る減価償却費を交際費等としていたもの

交際費等とは、得意先等に対する接待、供応等の行為のために支出するものをいいます。

ゲストハウスに係る減価償却費は、接待、供応等という行為のために具体的に支出したものではありませんので、交際費等には該当しないことになります。

（8）　取引先等を招待したパーティーを開催した際に、招待客から受領したご祝儀を、パーティー費用から控除して交際費等の額を計算していたもの

　交際費等として処理すべき金額は、会社がそのパーティー開催に直接支出した金額であり、招待客から受領したご祝儀との相殺は認められません。受領したご祝儀は雑収入として計上すべきものとされます。

　なお、パーティー費用とご祝儀との相殺については89頁の「Column5-3　交際費等をいくらとすべきか」をご参照下さい。

（9）　福利厚生費等の中で、役員や従業員の接待等のための支出を福利厚生費等として処理していたもの

　交際費等の支出の相手方には、取引先など法人の営む事業に直接関係のある者だけでなく間接的にその法人の利害に関係ある者及びその法人の役員、従業員、株主、地域住民等も含まれます。

（10）　役員に対する渡切交際費を交際費等として処理していたもの

　役員等に対し、接待等のために使用するという名目で毎月定額を支給し、しかもその使途については報告を求めないという、いわゆる渡切交際費というものがありますが、この渡切交際費はその支給された者に対する給与となります。

　このように、接待等に使用するために役員等に対して支給された費用が役員等の給与とされず、法人の支出した交際費等であるとして処理するためには、次のような点に注意する必要があります。

①　必ず領収書等によりその費途を明確にしておく

②　渡切りにせずに必ず精算を行う

③　領収書等がとれない支出については、交際費等として処理せず役員

給与や使途秘匿金として処理することを検討する

(11)　専ら役員や従業員の接待等のために支出した飲食費（いわゆる社内飲食費）について、１人当たり5,000円以下であるとして交際費等から除いていたもの

　接待等のために支出するものであっても、１人当たり5,000円以下の飲食費は交際費等から除かれますが（いわゆる5,000円基準）、専らその法人の役員若しくは従業員又はこれらの親族に対する接待等のために支出するものは、１人当たり5,000円以下であっても、交際費等に該当します。

(12)　物品の贈答費用、旅行・観劇やゴルフ等の接待費用について5,000円基準を適用していたもの

　いわゆる5,000円基準は、原則として、得意先等を接待するための飲食費について適用されます。

　したがって、飲食費に該当しない物品の贈答費用、旅行・観劇、ゴルフ等の接待費用等については、たとえ１人当たりの費用が5,000円以下であっても交際費等から除くというような処理は認められません。

　なお、旅行やゴルフ等による接待中に提供された食事代が１人当たり5,000円以下であるという理由で、その食事代分にのみ5,000円基準を適用して交際費等から除くというような処理も認められません。

(13)　5,000円基準を適用しているにもかかわらず、一定の事項を記載した書類を保存していなかったもの

　いわゆる、5,000円基準を適用するためには、次の事項を記載した帳簿や証ひょう書類を保存しておく必要があります。

① 飲食等のあった年月日

② 飲食等に参加した得意先、仕入先その他事業に関係のある者等の氏名又は名称及びその関係

③ 飲食等に参加した者の数

④ その飲食等に要した費用の額、飲食店等の名称及び所在地（店舗がない等の理由で名称又は所在地が明らかでないときは、領収書等に記載された支払先の氏名又は名称、住所等）

⑤ その他飲食等に要した費用であることを明らかにするために必要な事項

Column5-1　交際費等における5,000円基準

　1人当たり5,000円以下の飲食費については、税務上の交際費等の範囲から除かれます（措法61の4⑥二、措令37の5①）（以下、この基準を「5,000円基準」といいます。）。

1　飲食費に限られる

　5,000円基準の適用があるのは、得意先等を接待する場合における飲食費に限られています。

　したがって、物品等の贈答費用、ゴルフや旅行、観劇などに招待するための費用や接待等に伴って発生する交通費などについては5,000円基準の適用はありません。

　なお、物品の贈答であっても、得意先等の業務の遂行や行事の開催に際して弁当の差入れを行うための弁当代については、差入れ後相応の時間内に飲食されることから、飲食費であるとして5,000円基準の適用が認められています。

　また、飲食店等での飲食後、その飲食店等で提供されている飲食物の持ち帰りに要するお土産代についても飲食費に含めて5,000円基準の適用を受けることができます。

2　いわゆる社内飲食費は含まれない

　この5,000円基準は、得意先や仕入先など外部の者を接待するための飲食費用について適用され、社内において特定の者を慰労する費用など、社内の者のみで飲食する費用、いわゆる社内飲食費については適用されませんので注意が必要です。

3　1人当たりの飲食費の算定

　1人当たり5,000円以下の飲食費かどうかの判定は、飲食店等において各人がそれぞれ、どの程度の飲食等を行ったかどうかにかかわらず、単純にその飲食費の総額を参加した人数で除して算定した金額により判定します。

・1人当たりの金額＝（飲食等のために要する費用として支出する金額）
÷（飲食等に参加した者の数）

　なお、その算定において消費税等の額を含めるかどうかですが、その飲食費を支出した法人の適用している税抜経理方式又は税込経理方式に応じ、その適用方式により算定した金額によることとされています。

　例えば、1人当たりの飲食費用が消費税込みで5,500円であった場合、税込経理方式を採用している法人では、1人当たり5,000円超となり交際費等に該当することとなりますが、税抜経理方式を採用している法人では5,000円以下となり交際費等には該当しないことになります。

4　書類等への記載要件及び適用時期

　この5,000円基準の適用を受けるためには、帳簿や証ひょうなどの書類等に次の事項を記載する必要があります（措規21の18の4）。

① 飲食等のあった年月日

② 飲食等に参加した得意先、仕入先等の氏名又は名称及びその関係

③ 飲食等に参加した者の数

④ 飲食等に要する費用の金額並びに飲食店、料理店等の名称及び所在地

⑤ その他飲食等に要した費用であることを明らかにするために必要な事項

| Column5-2 | 情報提供料と交際費等 |

1 情報提供料の支払い

　法人が第三者から、顧客を紹介してもらったり、取引につながる重要な情報を提供してもらったりした場合、その対価として情報提供料などの謝礼金を支払う場合があります。

　このような情報提供料を、情報提供を業としていない者（いわゆる素人）に対して支払った場合、その支払いは一種の「心付け」にすぎないとして交際費等とされる場合があります。

　ただし、その情報提供料等の支払いが事前に結ばれた契約によるものであり、その対価の額も妥当であるなど、正当な情報提供の対価であると認められる場合には、交際費等には該当しません。

2 交際費等に該当しない場合

　法人が情報提供（情報の提供や取引の仲介、斡旋など）を行うことを業としていない者に対して情報提供の対価として金品を交付した場合であっても、その金品の交付につき次の①から③の要件すべてを満たしているなど、その金品の交付が正当な対価の支払いであると認められるときは、その交付に要した費用は交際費に該当しないこととされています。

① その金品の交付があらかじめ締結された契約に基づくものであること
② 提供を受ける役務の内容が契約で具体的に明らかにされており、かつ、これに基づいて実際に役務の提供を受けていること
③ 交付した金品の価額がその提供を受けた役務の内容に照らし相当と認められること

3 「契約」の形式について

　上記3つの要件のうち最も重要な要件である①における「契約」ですが、必ずしも契約書という形で作成されたものである必要はなく、あらかじめポスター、ホームページ、新聞、雑誌、チラシ等により対価の支払条件を広く周知させる方法でも差し支えありません。

　すなわち、情報提供料等の支払いが支払う側の任意で行われるものでは

なく、情報提供者側から、「ホームページに掲載されていた情報を提供したから、約束の対価を下さい。」などと請求できるような環境を事前に整えておけばよいものと考えられます。

Column5-3　交際費等をいくらとすべきか

1　パーティーを開催した場合に受け取った祝い金の処理

　ある法人が得意先、仕入先などを招いて記念パーティーを開催し、その開催費用や記念品代として150万円を支出したが、得意先などの参加者から祝い金70万円を受領したので、最終的な負担額が80万円となったような場合に、交際費等として処理すべき金額がいくらであるかということが、よく問題となります。

　この場合、交際費等として処理すべき金額は、会社がそのパーティー開催に直接要した費用である150万円であるとされ、祝い金の70万円は雑収入に計上すべきものとされます。

　しかし、これが祝い金ではなく会費であれば、パーティー費用の150万円と会費の70万円との相殺後の金額80万円が交際費等となります。

　どうしてこのような違いが出てくるのでしょうか。それは、祝い金は招待される側の任意で支払われるのに対し、会費は、その会費を支払わなければ、パーティーに参加できず、いわば、パーティー費用のうち一部を参加者が負担したことになるからです。

　パーティーなどを開催する際に交際費等の額を抑えたいような場合には、割り切って会費制にできる余地がないかどうかを開催前に検討しておく必要があるでしょう。

2　遠隔地で会議を行った場合

　メーカーなどが温泉地等の遠隔地で全国の販売代理店を集めて全体会議・宴会等を行う場合、それらに要した費用のうちどれだけを交際費等とすべきかということもよく問題となります。

　たとえば、ある温泉地で会議・宴会等を行った際、以下のような費用が生じたとします。

（1）　現地までの交通費・宿泊代	300万円
（2）　現地での営業会議費用	50万円
（3）　現地での宴会・観光費用	100万円
合計	450万円

　これらの費用のうち、（2）の営業会議費用50万円は会議費として、（3）の宴会・観光費用100万円は交際費等としてそれぞれ処理すべきですが、（1）の交通費・宿泊代を交際費等とすべきか否かが問題となります。

　この場合、現地で行われた会議が会議としての実体を備えているか、このイベントの主たる目的は会議か接待かという点が、その判断の基準となります。

　現地で行われた会議が会議としての実体を備えている場合には、（1）の交通費・宿泊代300万円は会議に通常要すると認められる費用となり、交際費等の額に含める必要はありません。

　すなわち、費用総額のうち、（3）の宴会・観光費用100万円のみを交際費等とし、残りの350万円は会議費として処理してもよいことになります。

　一方、会議としての実体を備えておらず、このイベントの主たる目的が販売代理店の接待・慰労であると判断された場合には、費用総額のうち（2）の営業会議費用50万円のみが会議費とされ、残りの400万円は交際費等となります。

　すなわち（1）の交通費・宿泊代300万円も交際費等として処理しなければなりません。

3　「会議としての実体」のポイント

　現地で行われた会議が会議としての実体を備えているか否かは事実認定の問題ですが、会議の時間が1〜2時間程度であり、その内容も、あいさつ、スライド映写、営業戦略・営業概況の説明程度のものであれば、調査の際、その実体なしと判断される可能性が高いでしょう。

　遠隔地で会議と接待・慰労等を実施した場合、調査の際、必ずその内容を質問されますので、請求書、領収書等はもちろんのこと、案内状、日程表、参加者名簿、配付資料、会議の議事録等は必ず保管しておく必要があります。

Column5-4 資産の取得価額に含まれている交際費等

1 交際費課税の時期

交際費課税は、接待や供応などの行為のための支出を行った事業年度に行われ、その支出額がその期の費用となっているかどうかは問題となりません。

したがって、支出した交際費等が固定資産や棚卸資産の取得価額に含まれており、交際費等が費用として処理されていない場合でも、その交際費等を損金不算入額の計算に含めて申告調整を行う必要があります（措通61の4(1)−24）。

例えば、建物を建設する際に地域住民の反対にあい、それを収めるために、その地域住民を接待したような場合、その接待のための交際費等は、支出した事業年度の費用とはならず、その建物の取得価額に含まれます。

このような場合でも、その接待費用は、支出した期の交際費等の損金不算入額の計算に含めて申告調整を行わなければなりません。

2 取得価額の調整

しかし、このような処理を行うと、当期の費用となっていない交際費等についても申告加算を行うことになり、いわゆる二重課税が生じることになります。

そこで、これを回避するため、交際費等の支出があった期の確定申告書において、その資産の取得価額に含めた交際費等の金額のうち、損金不算入額からなる部分の金額を限度として、その資産の取得価額を減額する処理が認められています（措通61の4(2)−7）。

資産の取得価額から減額できる金額を算式で示すと、以下のようになります。

・（交際費等の損金不算入額）×（資産の取得価額に含まれている交際費等の金額÷その期に支出した交際費等の金額）

例えば、中小法人において当期の交際費等の支出額が全部で1,000万円（うち建物の取得価額に含まれている交際費300万円）、交際費等の損金不算入額が200万円である場合、交際費等の損金不算入額200万円のうち、建

物の取得価額に含まれている交際費等の額に対応する金額60万円を建物の取得価額から減額することができます。

（算式）

・200万円〔交際費等の損金不算入額〕×（300万円〔建物の取得価額に含まれている交際費等の額〕÷1,000万円〔当期の交際費等の総額〕）＝60万円

　具体的には、申告書別表四の減算欄（留保）で建物認定損60万円、別表五（一）で建物△60万円という処理を行うことになります。

　なお、申告調整を行った場合、翌期に本勘定での受入処理が必要となります。また、申告調整のかわりに、交際費等を支出した期に本勘定で60万円だけ建物の取得価額を減額する処理も認められます。

3 税務調査における留意事項

　申告調整による取得価額の減額処理は、あくまでもその期における確定申告書（当初申告書、期限後申告書）や決算調整においてしか認められず、修正申告書における減額処理は認められません。

　したがって、税務調査で、ある資産の取得価額の中に交際費等に該当するものが含まれていることが新たに判明した場合、判明した交際費等についての否認のみが生じるだけであり、修正申告書でその資産の取得価額を減額することは認められませんのでご注意下さい。

第6章

寄附金

寄附金における調査ポイント

①　寄附金の計上時期は妥当か
②　国等に対する寄附金、指定寄附金、特定公益増進法人等に対する寄附金については、その要件を満たしているか
③　個人的費用に該当するものはないか
④　繰延資産に該当するものはないか
⑤　親子会社、関連会社等グループ法人間取引において、その取引価額は妥当か
⑥　寄附金の架空、仮装計上はないか

6-1 寄附金勘定の目のつけどころ

 寄附金勘定についての調査ポイントには、どのような ものがありますか。

寄附金は、企業会計上はその全額が費用となるべきも のですが、法人税法上、一定の損金算入限度額が設けら れています。寄附金勘定については、他科目との区分、及び親子 会社間取引等が調査でよく問題となります。

　寄附金勘定の調査は、以下の各項目を中心に調査が行われます。

（1）　寄附金の計上時期は妥当か

　寄附金は、税務上、現実に金銭や資産等を引き渡した時点で寄附が あったと認識されます（法令78）。

　したがって、前事業年度以前に支払った際に仮払金等として資産計上 した寄附金については、当事業年度に仮払金等を取り崩し費用として計 上していても損金とすることはできません（支払った事業年度の損金と なります。）。

　また、事業年度末時点において未払となっている寄附金については、 実際に支払うまでは損金とすることはできません。

　調査の際は、その計上時期の妥当性が検討されます。

（2）　指定寄附金、特定公益増進法人等に対する寄附金については、そ の要件を満たしているか

　これらの寄附金については、一般の寄附金とは別枠で損金算入の特例 が認められています（法法37④⑥）。ただし、それぞれの寄附金について、

指定期間、募金目的等その特例が認められる要件があり、それらの要件を満たしているかということが調査のポイントとなります。

（3） 役員が個人として負担すべきものが含まれていないか

本来、役員等の個人が行うべき寄附を法人で行う場合がよく見受けられます。

寄附金を計上した場合、その寄附金の支出の相手方、目的、経緯等からみて、その法人の役員等が個人として負担すべきものであると認められるものは、その役員等に対する給与として取り扱われます。

個人的な寄附金を法人が負担していないかどうかという点も検討の対象となります。

（4） 繰延資産に該当するものはないか

国や地方公共団体に寄附を行った場合でも、自己が便益を受ける公共的施設を寄附したような場合、その費用は国等に対する寄附金には該当せず、繰延資産として計上しなければなりません（法法37③一、法基通8－1－3）。

寄附金として計上しているもののなかに、このような繰延資産に該当するものがないかという点も調査のポイントとなります。

（5） 親子会社、関連会社等グループ法人間取引においてその取引価格は妥当か

親子会社間の取引は、第三者間の取引と異なり、その取引価格を恣意的に決めることが容易であり、取引を通じて子会社等に利益供与を行ったり、債務免除、無利息貸付、無償での人員派遣等の利益供与が行われる場合があります。

　このような利益供与は原則として寄附金に該当するため、親子会社間等の取引については利益供与の有無が調査のポイントとなります。

　なお、いわゆるグループ法人税制の適用により、法人による完全支配関係のある法人間の寄附金については全額損金不算入とされます。

　制度の概要については、110頁の「Column6-3　完全支配関係がある法人間の寄附金」をご参照下さい。

（6）　寄附金の架空、仮装計上はないか

　寄附金勘定の調査においても、不正計算が行われていないかという点も、当然、重要な調査ポイントとなります。

6-2 寄附金勘定の調査方法

 Q **寄附金勘定につき、調査官はどのように調査を進めていくのでしょうか。**

A 　寄附金勘定について、調査官は経費帳、領収書、受領書はもちろん、相手方からの寄附の要請書、礼状、寄附を行うことを決定した際の稟議書、役員会議事録等の資料をもとにして、おおむね次のような点を中心に調査を進めていくものと思われます。

（1）　領収書など証ひょうからの検討

　寄附金の計上時期は、現実に金銭や資産等を引き渡した時点ですので、領収書等から、金銭や資産等の動きを確認し、未払計上を行っていないかということが調査されます。

　また、国等に対する寄附金の場合には、採納手続きが行われたことを証する書類があるか、指定寄附金、特定公益増進法人等に対する寄附金については、寄附の要請書、領収書、証明書等からそれらの要件に該当する寄附金であるかどうか、領収書や受領書等の日付から指定期間内に寄附が行われているかどうか、ということについてもそれぞれ調査が行われます。

（2）　寄附を行った経緯からの検討

　寄附を行った場合、その寄附に至った経緯も検討の対象となります。

　例えば、本来、役員個人に寄附のお願いがあったものを、法人がその寄附金を負担し、相手方も寄附はその個人から受けたという認識がある

ような場合には、その寄附金は役員に対する給与に該当する可能性が高いものです。

また、得意先の社長の自宅が火事等の災害に遭い、その復旧費用の一部負担を得意先から求められ、その負担額を寄附金として処理しているような場合には、その負担額は交際費等となる可能性が高くなります。

さらに、国等に対する寄附金の場合であれば、その寄附が自己が便益を受けるためのものであり、繰延資産に該当するものでないかどうかを確認する必要があります。

このように、寄附を行った経緯を、相手方からの要請書、稟議書、社内会議資料、寄附の申出書、採納通知書、寄附が現物で行われた場合におけるその現物に係る請求書、領収書、請負契約書等から検討し、寄附金処理の妥当性が検討されることになります。

（3）　寄附を行った相手先からの検討

寄附金は、本来、事業との関連性がない者か、あるいは希薄な者に対して支出されるものをいいます。

したがって、寄附の相手先が事業との関連性が深い得意先や仕入先等である場合には、その寄附が何らかの見返りを期待して行われた贈答、すなわち交際費等に該当するのではないかという点から調査が進められます（関連して107頁の「Column6-1　交際費等と寄附金」も参照）。

寄附の相手先が事業関連者である場合には、その内容につき、寄附の申出書、稟議書、社内会議資料等から検討が行われることになります。

（4）　親子会社間等取引で寄附金に該当するものがないかの検討

親子会社間やグループ会社間取引において、商品の販売対価、固定資産の譲渡対価、受取手数料の対価などが、第三者間との取引における取

引対価や時価と比べて低廉でないかということを検討します。

　さらに、子会社等に対し、無利息貸付や利息免除、債権放棄、出向者の無償提供などの利益供与を行っていないかを、稟議書や社内会議資料などから検討を行います。

　なお、子会社等を再建するために合理的な再建計画に基づいて支援を行っている場合、その支援に係る費用は寄附金には該当しないこととされています（法基通9－4－2）。このような場合、再建計画の有無及びその再建計画が合理的なものであるかどうかについても再建計画書、稟議書や社内会議資料等より調査・検討を行います（109頁の「Column6-2 子会社等に対する再建支援」参照）。

（5）　不正計算の有無の検討

　不正計算については、領収書、決済状況、寄附に至るまでの経緯などを調査し、その寄附金の計上が簿外資金を捻出するために架空計上されているものではないか、あるいは、交際費課税や使途秘匿金課税を免れるために仮装計上されているものでないかを検討します。

　また、場合によっては、相手方に対する反面調査も実施されます。

6-3 否認を受けないための対応策

 Q 寄附金について否認を受けないための対応策について
教えて下さい。

A 寄附金について否認を受けないための対応策としては、
次のようなものが考えられます。

（1） 国等に対する寄附金の場合

① 採納の有無の確認

　税務上、国等に対する寄附金とは、国等において採納され、最終的に
国等に帰属するものをいうとされています（法基通9-4-3）。

　したがって、例えば、法人が地元の公立小学校にパソコンやテレビを
寄附したが採納手続が行われておらず、PTAや教職員の管理になって
いるような場合、税務上、国等に対する寄附金とは認められません。

　国等に対する寄附を行う場合（特に物品で寄附を行う場合）、正式な
採納手続を経ているかどうかを確認し、採納証明書等、採納されたこと
を証明する資料を入手しておく必要があります。

② 自己に便益が及ぶ寄附ではないかどうかの確認

　国等に対する寄附金であっても、その寄附により、特別の利益が寄附
した者に及ぶようなものについては、税務上、国等に対する寄附金とは
認められず、その費用は繰延資産とされます（法令14①六イ）。

　例えば、自社工場前の公道が未舗装であり、資材の搬入などに支障を
きたしているため、その公道の舗装費用を国等に寄附したような場合が
これに該当します。

　法人は、搬入作業がスムーズに行われる等の便益を受けるために寄附

を行ったわけですから、その費用を繰延資産として計上する必要があります。

　なお、繰延資産として計上した場合、その償却期間は、その寄附した施設等の法定耐用年数の10分の4（その施設を寄附した者が専ら使用するものである場合には10分の7）とされています（法基通8－2－3）。

③　私道を国等に寄附した場合の注意事項

　法人が、専らその有する土地の利用のために設置されている私道を国等に寄附した場合には、その私道の帳簿価額をその土地の帳簿価額に振り替えるものとし、その寄附をしたことによる損失はないものとされています（法基通7－3－11の5）。

　これは、私道の利用に係る土地の効用は、寄附の前後において何ら変わりはなく、私道を寄附してもそのことにより、法人は、何ら損失を被っていないという理由からです。

（2）　指定寄附金、特定公益増進法人等に対する寄附金の場合

①　指定寄附金、特定公益増進法人等に対する寄附金に該当するかどうかの確認

　指定寄附金、特定公益増進法人等に対する寄附金については、その他の寄附金とは別枠で損金算入が認められていますが、これらの寄附金に該当するか否かを、領収書や寄附の申出書、趣意書等より確認する必要があります。

②　指定期間等の確認

　指定寄附金や特定公益増進法人等に対する寄附金の場合、その寄附について課税上の特例が認められる期間が財務省告示等により定められています。

　これらの寄附を行う場合、指定寄附金についてはその指定期間内に、

特定公益増進法人等に対する寄附金の場合は、その団体が特定公益増進法人等とされている期間内に、それぞれ寄附が行われているかどうかを確認する必要があります。

(3) その他の寄附金の場合

① 寄附金の支払日の確認

寄附金は、現実にその支払いが行われた事業年度において計上すべきものであり、寄附金の未払計上は税務上認められません（法令78）。

また、寄附金を手形で支払った場合には、税務上、寄附金とされる日は、手形を振り出した日ではなく、手形の決済が行われた日となります（法基通9－4－2の4）。

したがって、計上した事業年度内に現実の支払いが行われているかどうかを領収書、受領書等より確認しておく必要があります。

② 交際費等に該当するものはないかの確認

寄附金として計上されているものでも、その寄附の相手先が得意先、仕入先、株主等の事業関連者であり、何らかの直接的な見返りを期待して、金銭や物品等を交付した場合には、その交付に要した費用は、寄附金ではなく交際費等に該当する場合がありますので注意が必要です（詳細については、107頁の「Column6-1　交際費等と寄附金」参照）。

③ 親子会社間取引につき、低額譲渡・高価買入の有無の確認

親子会社間取引における取引価額の決定においては、恣意性が介入する余地が大きく、低額譲渡、高価買入となる場合が多くみられます。

税務調査の際は、その取引価額の妥当性につき、特に第三者間取引と比較して調査されますので、その算定根拠につき、明確に説明できるように準備しておく必要があります。

また、子会社等に対する債務免除、金利減免などの支援は、本来、子

会社等の倒産等を防止するためやむを得ず行われるものですから、合理的な再建計画に基づくもの以外については寄附金とされます。

　したがって、経営不振の子会社を支援する場合には、合理的な再建計画に基づいて支援が行われているかどうかを確認する必要があります（詳細については、109頁の「Column6-2　子会社等に対する再建支援」参照）。

④　個人的な寄附金ではないかどうかの確認

　法人名義で寄附を行っても、その寄附が、本来、その法人の代表者や役員個人が行うべきものである場合には、その費用の額はその代表者や役員個人に対する給与となります。

　例えば、代表者の子息が通っている高校から法人の代表者個人に寄附を募られ、本来、代表者が個人で寄附を行うべきところを法人名で寄附を行ったが、その法人とその高校とは、業務的にも地域的にも一切のつながりがないような場合などがこれに該当すると考えられます。

⑤　他科目に計上されている費用のうち寄附金に該当するものはないか
　　どうかの確認

　交際費、広告宣伝費、会費、販売促進費、雑費等の勘定科目のなかに、事業との関連性が希薄な者に対し、見返り等の反対給付を期待せず、一方的に支出されるものがあれば、そのような支出は税務上寄附金に該当する可能性があります。そのような性質の支出が含まれていないかどうかを確認する必要があります。

6-4 寄附金勘定における否認事例及び誤りやすい事例

 寄附金勘定には、どのような否認事例及び誤りやすい事例があるのでしょうか。

 寄附金勘定の否認事例及び誤りやすい事例としては、次のようなものが考えられます。

（1） 寄附金の計上時期の誤り

領収書等を検討したところ、実際の支出日が翌事業年度であるものを当事業年度の寄附金として処理していたもの。

（2） 子会社や取引先に対する、低利貸付けや債権放棄等

子会社や取引先に対して金銭の無償若しくは通常より低い利率での貸付け又は債権放棄等をしていたもの（業績不振の子会社の倒産を防止するためにやむを得ず行われるもので合理的な再建計画に基づくものである等の合理的な理由を有しているものを除きます。）（109頁の「Column6-2 子会社等に対する再建支援」参照）。

（3） 子会社から受け取る技術指導料の減額

子会社から受け取るべき技術指導料の額を、単に子会社が赤字決算になるという理由のみで、期末直前に期首に遡って引き下げていたもの。

（4） 任意組合等を通じて支出した寄附金

任意組合等を通じて支出した寄附金を寄附金の額に含めないで損金算入限度額を計算していたもの。

（5）　指定告示期間外の寄附等

主務官庁の告示した指定期間の後に支出した寄附金を指定寄附金として処理していたもの。

また、特定公益増進法人の証明書類（当該寄附金を支出する以前2年以内に発行されたものに限ります。）の確認をしないで、以前のまま特定公益増進法人に対する寄附金としていたもの。

（6）　採納手続の有無の確認漏れ

国等に対する寄附金として処理されているものの内容を検討したところ、正式な採納手続がなされていないことが明らかになったもの。

（7）　開発負担金の処理

開発行為の許可条件に従って支出した費用は、当該開発行為によって取得する資産の取得価額、又は公共的施設の設置費用として繰延資産の額とすべきであるのに、指定寄附金等としていたもの。

（8）　国外関連者に対する寄附金

海外子会社など国外関連者に対する寄附金についてはその支出額全額が損金不算入となるにもかかわらず、その他の寄附金として損金算入限度額を計算していたもの。

（9）　政治団体に対する寄附

政治団体に対する寄附金、パーティー券の購入費用を交際費等又は会費として処理していたもの。

(10)　架空寄附金の計上

　現金払いであり、しかも領収書が手書き、さらに寄附を行った経緯に対する説明も不十分である寄附金につき反面調査を実施したところ、その寄附は架空であり、会社の簿外資金として留保されていたことが明らかになったもの。

(11)　修正申告を行った際の限度額計算誤り

　修正申告により所得金額が増加した場合には寄附金の損金算入限度額が増加するのに、これを調整していなかったもの。

(12)　確定申告書への記載

　指定寄附金等は、確定申告書にその明細の記載があり、証明書等を保存している場合に限り損金算入が認められるにもかかわらず、その記載がないまま、税務計算上、指定寄附金等に該当するものとして損金算入していたもの（ただし、宥恕規定あり）。

Column6-1　交際費等と寄附金

　交際費等も寄附金も、金銭や物品、あるいは経済的な利益を無償で相手方に与えるという点でよく似ており、両者の区分や両者と他科目との区分が調査でもよく問題となります。

1　交際費等とは

　交際費等とは、法人がその取引先など事業に関係のある者に対して、接待、供応、慰安、贈答などを行うために支出するものをいいます。

　交際費等は企業活動を行っていく上で必要不可欠な費用とも思われますが、税務上は、このような冗費の支出が多額となるのを防止して資本蓄積を促進するという趣旨のもと、原則としてその全額が損金不算入とされています。

2　寄附金とは

　一方、寄附金とは、法人が金銭その他の資産又は経済的な利益の贈与又は無償の供与などを行うために支出するものをいいます。

　寄附金も、企業活動を行っていく上である程度必要な費用であると思われますが、いたずらに法人が寄附を行うのを認めてしまうと、その分、法人が納める法人税額が減少してしまうこともあり、税務上、一定の損金算入限度額が設けられています。

3　交際費等と寄附金の相違点

　よく、交際費等は「贈答」であり、寄附金は「贈与」であるといわれます。

　「贈答」とは、贈ることと返しをすることとされ、何らかの見返りを期待して金品等を贈ることをいい、「贈与」とは、一方的に財産を与え、見返りがないものをいいます。

　このように、交際費等と寄附金を区分する基本的な考え方として、交際費等は、（1）法人の得意先、仕入先その他事業に関連する者に対して、（2）何らかの見返りを期待して法人が支出するものであり、寄附金は、（1）事業との関連性がない、もしくは希薄な者に対して、（2）見返り等

の反対給付を期待せず、法人が一方的に支出するものであるといえるで
しょう。

| Column6-2 | # 子会社等に対する再建支援 |

　赤字の子会社等に対し無利息貸付や債権放棄等の支援を行った場合、原則的には親会社に寄附金課税の問題が生じます。

　ただし、業績不振の子会社等の倒産を防止するためにやむを得ず行われるもので、合理的な再建計画に基づく支援については寄附金として取り扱わないこととされています（法基通 9 − 4 − 2）。

　ここにいう子会社等には、当該法人と資本関係を有する者のほか、取引関係（主要取引先である）、人的関係（役員を派遣している）、資金関係（資金を貸し付けている）等において事業関連性を有する者が含まれ、その範囲は厳密な意味での子会社よりも広くなっています。

　また、支援の方法も、金利減免や債権放棄の他に、無償の従業員派遣、資金援助等の方法が考えられます。

　また、支援が寄附金とされないためには、その支援が「合理的な再建計画」に基づくものであることが必要ですが、その判断基準としては以下のようなものがあります。

（1）　支援額、支援期間が合理的なものか。

（2）　支援者による再建管理が行われているか。

（3）　支援すべきものが複数いる場合、支援者の範囲は妥当か、また、支援割合は妥当か。

（4）　状況の変化により、随時、再建計画の見直しが行われているか。

（5）　再建に当たり、子会社等が十分な自助努力をしているか。

　なお、利害の対立する複数の支援者の合意により策定された再建計画は、原則として、合理的なものとして取り扱われます。

　以上が、「合理的な再建計画」についてのおおまかな判断基準ですが、法人が作成した再建計画が「合理的な再建計画」に該当するか否かについては、再建計画作成時に、その再建計画を国税局に事前確認・指導してもらうという方法もあります。

Column6-3　完全支配関係がある法人間の寄附金

1　制度の概要

　法人が支出した寄附金については、一定の限度額を超える部分が損金不算入とされ、寄附金を受領した側は全額益金算入とされています。

　しかし、完全支配関係がある内国法人間（100％支配関係における親子会社間など法人による完全支配関係に限ります。）の寄附金については、寄附金を支出した法人においては全額損金不算入、これを受領した法人においては全額益金不算入とすることとされています。

2　完全支配関係がある法人間における寄附金に係る処理の具体例

　例えば税務調査において、100％子会社に対し無償で役務提供を行っていたことを指摘された場合における親会社、子会社の処理を考えてみます。

（1）　設例

　A社は100％子会社であるB社の経理業務及び給与計算業務を行っていますが、本来B社から受領すべきこれらの業務に係る手数料年間120万円を免除しています。

　A社は税務調査において、この手数料を免除することについての合理的な理由はなく、この免除額は子会社に対する寄附金であるとの指摘を受けました。

（2）　A社（親会社）の処理

　A社は、本来100％子会社B社から受領すべき受取手数料120万円を免除していたわけですから、以下の処理（仕訳）が漏れていたということになります。

　　・寄附金　120万円　／　受取手数料　120万円

　この仕訳は会計上、寄附金という費用120万円と受取手数料という収益120万円が漏れていたということになり、会計上の利益には影響がありません。

しかし、税務上は以下の申告調整が必要となります。

① 受取手数料計上漏れ　　　　　加算　120万円（留保）

② 寄附金（費用）計上漏れ　　　減算　120万円（留保）

③ 寄附金損金不算入　　　　　　加算　120万円（流出）

　　　　　　　　　　　　　（合計　120万円の所得増）

　②の100％子会社に対する寄附金はグループ法人税制により全額損金不算入となりA社は120万円の修正申告が必要となります。

（3）　B社（100％子会社）の処理

　B社は、本来120万円の支払手数料をA社に支払わなければならないにもかかわらず、これを免除してもらったわけですから以下の処理（仕訳）が漏れていたということになります。

　・支払手数料　120万円　／　支払手数料免除益　120万円

　この仕訳は会計上、支払手数料という費用120万円と支払手数料免除益という収益120万円が漏れていたことになり、会計上の利益には影響がありません。

　しかし、税務上は以下の申告調整が必要となります。

① 支払手数料免除益計上漏れ　　加算　120万円（留保）

② 支払手数料計上漏れ　　　　　減算　120万円（留保）

③ 支払手数料免除益益金不算入　減算　120万円（流出）

　　　　　　　　　　　　　（合計　120万円の所得減）

　①の100％親会社からの免除益はグループ法人税制により全額益金不算入となり、B社は120万円の減額更正が必要となります。

　以上から、税務調査において本事例のような取引につき指摘を受けたとしても、親会社は120万円課税所得が増加しますが、子会社は120万円所得が減少することになり、グループ全体としての所得は変わらないということになります。

第7章

使途秘匿金

使途秘匿金における調査ポイント

① 支出先を明らかにしていない費用等の支出はない
か
② 支出先を明らかにできないため架空の支出先を帳
簿書類に記載しているものはないか
③ 使途秘匿金処理された支出について支出先を解明
する

7-1 使途秘匿金についての目のつけどころ

使途秘匿金に係る調査ポイントには、どのようなものがありますか。また、調査はどのように進められますか。

使途秘匿金に係る調査ポイント及び調査の進め方として、以下のようなものがあります。

　使途秘匿金とは、法人が行った金銭の支出（贈与や供与などの目的のために行われる金銭以外の資産の引渡しを含みます。）のうち、相当の理由がなく、その相手方の氏名や名称、住所や所在地、支出した事由を、支出した法人の帳簿書類に記載していないものをいいます（措法62)。

　使途秘匿金の具体例としては、支出の相手先を明らかにできない、利権獲得のための工作資金、謝金やヤミ献金、取引先の役員への裏リベート、株主総会対策費等の支出などが考えられますが、このような支出は、違法・不当な支出につながりやすく、公正な取引を阻害することにもなります。

　そこで、このような支出を極力抑制する観点から、使途秘匿金の支出に対しては、通常より重い法人税が課されています。

　すなわち、使途秘匿金を支出した場合、その支出について損金算入が認められないだけではなく、通常の法人税額に加えて、使途秘匿金支出額の40％が税額加算されます。

　使途秘匿金の支出は税務調査により判明する場合が多く、仮に使途秘匿金を支払手数料として仮装計上していた事実が調査により判明した場合、支払手数料についての損金算入が否認されるだけではなく、その支

出額の40%の法人税が課されます。消費税等についても、仕入税額控除
が認められなくなります。

　さらに、不正行為であるとして法人税、消費税等の増差税額に対し重
加算税が課され、延滞税も課されます。加えて地方税も追加納付する必
要が生じ、トータルの追加納付額は、使途秘匿金の支出額に近い金額に
なる場合も考えられます。

　使途秘匿金に係る調査ポイントとしては、

（1）　支出先を明らかにしていない費用等の支出はないか

（2）　支出先を明らかにできないため架空の支出先を帳簿書類に記載し
　　　ているものはないか

ということが挙げられます。

　また、使途秘匿金課税は支出先である真の所得者に課税できないため
の代替課税ではないことから、税務調査等により、支出の相手先が明ら
かになった場合には、その相手先にも課税が及ぶことになります。

　したがって、

（3）　使途秘匿金処理された支出についての支出先の解明

も行われることになります。

7-2 使途秘匿金における否認事例及び誤りやすい事例

 使途秘匿金における否認事例、誤りやすい事例にはどのようなものがありますか。

 否認事例及び誤りやすい事例としては、次のようなものがあります。

（1）　**使途秘匿金の支出があるにもかかわらず、当期の課税所得が赤字であるという理由で、その支出額の40％税額加算処理を行っていなかったもの**

　法人に使途秘匿金の支出がある場合、その支出額の40％相当額が、通常の法人税の額に加算して課税されます。したがって申告所得が赤字で、通常は法人税が課されないような法人であっても、使途秘匿金の支出があれば、その支出額の40％相当額については法人税の課税が生じることになります。

　本来、法人税を納める必要のない、赤字申告法人でも、使途秘匿金の支出があれば、課税関係が生じることになります。

（2）　**使途秘匿金の支出があるにもかかわらず、仮払金として処理しているという理由で、その支出額の40％税額加算処理を行っていなかったもの**

　使途秘匿金課税は、支出した相手方を明らかにできないような支出を極力抑制するために設けられた制度です。

　したがって、使途秘匿金を支出した時点で40％税額加算が生じることになり、仮払金、前払金、貸付金など費用以外の科目で支出されていて

も、それが使途秘匿金の支出に該当すれば、その支出した事業年度で追加課税が行われることになります。

（3）　支出の相手先を帳簿書類等で明らかにしていない支出であることを税務調査の際に指摘されたので、調査時に、調査官にその支出の相手先を明らかにして使途秘匿金課税を免れようとしていたもの

　使途秘匿金課税制度において、その支出の相手方の氏名等をその帳簿書類に記載しているかどうかの判定は、その金銭等を支出した各事業年度終了の日の現況によるものとされています（ただし、その金銭の支出をした各事業年度に係る法人税申告書の提出期限においてその法人の帳簿書類に記載されている場合には、各事業年度の終了の日においてその記載があったものとされます）。

　とりあえず、帳簿書類等には支出の相手先の氏名等を記載せずにおき、税務調査の際に調査官から指摘されたら相手方を明らかにしようというような安易な対応は認められません。

（4）　税務調査の際、使途秘匿金課税処理を行っている支出につき、調査官が、その支出の相手先を解明しようとしている行為についてクレームをつけていたもの

　使途秘匿金課税制度は、支出の相手方を明らかにできないような不明朗な支出を抑制するために設けられたものであり、支出した法人が、真実の所得者である相手方に代わって課税を受けるという代替課税ではありません。

　使途秘匿金課税がなされている支出についても、税務職員の質問検査権は及ぶものとされています。

　したがって、たとえ支出した法人が、支出先を明らかにできないとい

う理由から、使途秘匿金課税を行っているような支出についても、税務調査の際は、相手方の解明が行われる可能性は十分あり、その結果、支出先が判明したような場合には、当然、その支出先にも課税が及ぶことになります。

（5）　取引先をゴルフや旅行で接待した際、相手方に迷惑がかかるのを避けるため、その相手先の氏名等を法人の帳簿書類上明らかにしていない支出につき使途秘匿金課税を適用していたもの（税額加算誤り）

使途秘匿金課税は、金銭の支出（資産の引渡しを含みます。）のうち、相当の理由がなく、その相手方の氏名や名称等を法人の帳簿書類に記載していない場合に行われ、ゴルフや旅行での接待のような役務やサービスの提供に係る支出は含まれていません。

これは、役務やサービスの提供は、消費的な接待であり、相手方で蓄財されるような性質のものではないという理由によるものです。

第8章

役員給与・人件費

役員給与・人件費における調査ポイント

①　架空人件費の計上はないか
②　役員等に対する個人的費用の負担はないか
③　役員給与の額を期中で変動させていないか
④　事前確定届出給与を届出額どおり支給しているか
⑤　使用人兼務役員に対する賞与の処理は妥当か
⑥　過大な役員給与、退職金を支給していないか
⑦　みなし役員に対する賞与を申告加算しているか
⑧　未払賞与の計上は妥当か
⑨　役員退職金の損金算入時期は妥当か
⑩　出向料に係る処理は妥当か
⑪　源泉所得税関係の処理は妥当か

8-1 役員給与・人件費の目のつけどころ

Q 役員給与・人件費についての調査ポイントには、どのようなものがありますか。

A 税務調査においては、架空人件費の計上など不正計算はないか、また役員給与や人件費のうち損金不算入となるものにつき適正に処理されているかといった点が調査のポイントとなります。

人件費のうち、損金算入が認められないものとしては、①損金不算入とされる役員給与、②役員給与、退職金のうち過大部分、③役員の親族など特殊関係使用人に対する給与、退職金のうち過大部分などがあり、このようなものが損金算入されていないかどうかが調査の中心となります。

また、役員給与、人件費の調査においては、法人税の調査だけではなく、源泉所得税の調査についても同時に行われます（調査部所管法人を除きます。）。

役員給与、人件費についての調査ポイントとしては、次のようなものが挙げられます。

（1） 架空人件費の計上はないか

人件費における第一の重点調査項目は、不正計算の有無です。そこで、まず、会社に実在しない架空の人物や既に退職した人物などに対する架空の人件費を計上していないかどうかが調査のポイントとなります。

（2）　役員に対する個人的費用の負担はないか

　架空人件費の計上と並んで特に役員給与、人件費で問題となるのが、役員に対する個人的費用の会社負担です。

　特に同族会社の場合、役員の個人的な費用を会社が負担している場合が多く見受けられ、調査の際は、必ず重点ポイントとなります。

　個人的費用の会社負担が判明すると、認定賞与として法人税の否認が生じるのと同時に、源泉所得税にも影響が生じる場合が多くみられますので、充分ご注意下さい。

（3）　役員給与の額を期中で変動させていないか

　役員給与を期中で変動させている場合、損金不算入とされる役員給与はないかが検討されます。

（4）　事前確定届出給与を届出額どおりに支給しているか

　事前確定届出給与において、事前に届け出た金額と異なる額を支給した場合、その支給額は損金不算入となりますので、事前確定届出給与を届出額どおりに支給しているかどうかが調査のポイントとなります。

（5）　使用人兼務役員賞与の処理は妥当か

　取締役経理部長、取締役支店長などの使用人兼務役員については、その者が税務上の使用人兼務役員に該当するか、損金算入が認められる使用人分賞与の額の算定は妥当か、ということが調査のポイントとなります。

（6）　過大な役員給与、役員退職金を支給していないか

　役員給与や役員退職金のうち、不相当に高額な部分については損金算

入が認められません。

　その職務内容等に照らして比較的多額の役員給与や退職金が支給され
ていると思われる場合には、損金算入の妥当性が検討されることになり
ます。

　特に、名義上役員として登記されている同族関係者に対する役員給与
等につき問題となる場合が多いようです。

　また、役員給与の額が定款や株主総会等の決議により定められた限度
額を超える場合に、その超える部分の金額は、損金とはなりませんので
注意する必要があります。

（7）　みなし役員に対する賞与等を申告加算しているか

　同族関係者など一定の持株要件を満たす者で経営に従事しているもの
については、登記上の役員ではなくても、税務上役員とされ、その者に
支給した役員賞与等については損金算入が認められません。

　このようないわゆる「みなし役員」に該当する者が存在しないか、ま
たその者に対して支給された賞与等の処理は妥当かということが調査の
ポイントとなります。

（8）　使用人に対する未払賞与の計上は妥当か

　期末において決算賞与など未払賞与を計上している場合が多く見受け
られます。

　そのような場合には、その計上は妥当か、利益調整のため未確定のも
のを計上していないかどうかということが調査のポイントとなります。

（9）　役員退職金の損金算入時期は妥当か

　会社法上、役員退職金の支給は株主総会の決議により決定されること

となっています。

　税務上も役員退職金の損金算入時期は、株主総会の決議等によりその額が具体的に確定した日の属する事業年度とされています（確定時の損金処理）。

　ただし、法人が実際に退職給与を支給した日の属する事業年度に、その支給額を損金経理する方法も認められています（支給時の損金処理）（法基通9－2－28）。

(10)　出向料に係る処理は妥当か

　親会社等に対して出向料を支払っている場合、その受け入れた出向者が受入先で役員である場合には、支払った出向料のうち損金不算入となる役員給与に該当する部分を自己否認しているかどうかが調査のポイントとなります。

　また逆に出向料を受け取っている場合には、受け取った出向料の額が出向者に対して支給されている給与総額等に比べて妥当かということが検討されます。

　なお、出向役員に係る給与負担金については、144頁「Column8-5 出向役員に係る給与負担金の取扱い」をご参照下さい。

(11)　源泉所得税関係の処理は適正か

　役員給与・人件費の調査においては、法人税の調査だけではなく、従業員や役員に対する経済的利益や現物給与にも着目されます。すなわち、これらが源泉徴収の対象となっているかどうかという源泉所得税の調査も同時に行われます。

　なお、源泉所得税調査の詳細については第17章をご参照下さい。

8-2 役員給与、人件費の調査方法

 役員給与・人件費につき、調査官はどのように調査を進めていくのでしょうか。

 役員給与・人件費について、調査官は、おおむね次のような点を中心に調査を進めていくものと思われます。

（1） 架空人件費の有無についての検討

給与台帳や源泉徴収簿と組織図、配席図、社員名簿、タイムカード等との突合を行ったり、市役所等に住民登録の有無の照会を行い、不審者を抽出し、架空人件費計上の有無を検討します。

（2） 個人的費用の付込みの有無の検討

特に同族会社の場合、役員の個人的な費用を会社が負担している場合が多く見受けられます。

調査においては、法人が支出した経費や取得した資産に係る領収書、請求書等からその内容を検討し、個人的費用の付込みがないかを検討します。その際、請求書や領収書の書換えなど不正計算を行っていないかどうかも、当然調査の対象となり、場合によっては支払先に対する反面調査も行われます。

（3） 経済的利益、現物給与の有無の検討

経費科目のうち、福利厚生費、交際費、旅費交通費、支払家賃、雑費勘定等の内容を検討して、経済的利益、現物給与の有無を把握し、給与所得として源泉徴収すべきものはないか、あるいは役員に対する給与と

すべきものはないかを検討します。

　特に、役員に対しては、役員と会社間の取引を把握し、資産の低額譲渡、無利息貸付け、債権放棄、資産の高価買入れなどが行われていないかについても検討します。

（4）　期中において役員給与の額を改定している場合の内容検討

　期中で役員給与を改定している場合、損金算入が認められる定期同額給与に該当する改定事由は、①期首から３か月以内の改定、②役員の地位の変動等による改定（臨時改定事由）、③業績が著しく悪化した場合における改定（業績悪化改定事由）の３つです（法法34①一、法令69①）。

　調査においてはこれら①から③以外の事由により役員給与の改定がされていないかということが検討されます。

　なお、期中で役員給与の額を改定した場合の取扱いについては、136頁の「Column8-1　期中で役員給与の額を改定した場合における取扱い」をご参照下さい。

（5）　過大な役員給与・退職金の有無の検討

　役員給与については、定款、株主総会議事録などで役員給与の限度額が定められているかどうかを確認し、その限度額を超えて役員給与が支給されていないかどうかを検討します。

　また、その役員に対する給与が不相当に高額でないかを、職務内容、その法人の収益状況、使用人との比較、同規模同業種の他の法人との比較等により検討します。役員退職金については、その役員としての勤続年数、退職の事情、同規模同業種の他の法人との比較等により検討します（145頁「Column8-6　過大役員退職金の取扱い」をご参照下さい）。

（6）　特殊関係使用人に対する過大な使用人給与・退職金支払いの検討

　特殊関係使用人（役員の親族や役員と事実上婚姻関係と同様の関係にある者など）に対して支給された給与・退職金のうち不相当に高額な部分があるかどうかについても、過大な役員給与・退職金の実質的な判定と同様の方法で検討します（151頁「Column8-9　特殊関係使用人に対する給与、退職金」をご参照下さい）。

（7）　みなし役員賞与の検討

　まず使用人である同族関係者のうち、株主名簿等から、一定の持株割合（142頁の「Column8-4　使用人兼務役員に対する賞与」の2における持株要件と同じです。）を有する者を抽出します。

　次に、稟議書、会議資料などから、その者が実質的に経営に従事しているかどうかを検討し、支給した給与のうち損金不算入となる役員賞与に該当するものがないかを調査します。

（8）　使用人兼務役員賞与の検討

　使用人兼務役員賞与については、その役員が部長、支店長など職制上の地位を有しているか、専務、常務、監査役など使用人兼務役員になれない者ではないか、あるいは、オーナー一族など一定の持株を有しているものではないかを検討します。

　次に、使用人賞与分としている額の妥当性を、比準使用人に対する賞与との比較で検討します。

　なお、使用人兼務役員に対する賞与に係る取扱いについては、142頁の「Column8-4　使用人兼務役員に対する賞与」をご参照下さい。

（9）　未払賞与の検討

　使用人に対する未払賞与については、①事業年度末までにその支給すべき額を各人別に、かつ、支給を受ける使用人全員に通知しているか、②事業年度終了の日の翌日から1か月以内に通知した各人に通知した額を現実に支払っているか、③各人に通知した額を損金経理により未払計上しているかについて検討を行います（法令72の3）。

　なお、使用人に対する未払賞与に係る取扱いについては、149頁の「Column8-8　使用人決算賞与の未払計上」をご参照下さい。

（10）　出向料の検討

　親会社などから出向者を役員として受け入れた場合、支払った出向料の中にその出向者の賞与相当額が含まれていないかを検討します。

　これは、出向者に係る給与負担金（出向料）の支払状況から判定します。

　そこで賞与相当額が含まれているとされた場合、その金額について損金不算入となる役員給与として申告加算しているかどうかを確認します。

　また、子会社等から出向料を受け取っている場合には、受け取った出向料と出向者本人に支給した給与の額とを比較して、子会社等に対する利益供与がないかを検討します。

　なお、役員に係る出向料の取扱いについては、144頁の「Column8-5　出向役員に係る給与負担金の取扱い」をご参照下さい。

〔参考〕役員給与・人件費に係る調査において検討の対象となる帳簿書類等

経費帳、給与台帳、賃金台帳、源泉徴収簿、扶養控除等申告書、株主総会議事録、取締役会議事録、給与振込控、出勤簿、タイムカード、組織図、配席図、社員名簿、履歴書など

8-3 否認を受けないための対応策

 Q 　役員給与・人件費につき、否認を受けないための対応策について教えて下さい。

 A 　おおむね次のようなものが考えられます。

（1）　人件費関係書類等の整備

　人件費関係書類等について、下記のようなものを整備し、整理保管しておく必要があります。

・過去の給与・賃金台帳、源泉徴収簿などの帳簿書類はもちろんのこと、株主総会・取締役会議事録、給与規程、退職金規程、旅費規程、出向契約書、タイムカード、履歴書など

（2）　経済的利益や現物給与等の有無の確認

　経済的利益や現物給与に該当するものはないか、代表者等の個人的費用の付込みはないかということは、必ず役員給与・人件費に係る調査の対象となります。

　特に、会社・役員間取引や福利厚生費、交際費、旅費交通費、雑費等に誤りが多く見受けられますので、経費科目等の内容を検討し、事前にこのような支出がないかどうかについての注意が必要です。

　また、源泉所得税においては、社宅家賃、貸付金利息、宿日直料、食事の支給、通勤手当などについて、課税対象とならない一定の金額基準が設けられていますので、その基準を超えていないかどうかということについても検討する必要があります。

　なお、役員に対する経済的利益については140頁の「Column8-3　役員に対する経済的利益」をご参照下さい。

（3）　同族関係者に対する過大な給与、退職金はないか

　同族会社では、役員の親族である従業員などの特殊関係使用人に対して、一般の従業員より多額な給与や退職金を支給している場合が多く見受けられます。

　このような場合、損金不算入となる過大部分がないかということが検討されますので、一般従業員より多額である理由（地位、勤務内容、勤務時間の違いなど）を説明できるようにしておく必要があります。

　もちろん、同族関係者に対する役員給与（特に非常勤役員）についても同様で、その給与の額の妥当性を説明できるようにしておく必要があります。

　なお、特殊関係使用人に対する給与等の取扱いについては151頁の「Column8-9　特殊関係使用人に対する給与、退職金」をご参照下さい。

（4）　株主総会の決議、定款により定められた役員給与の額の確認

　会社法では、株主総会の決議又は定款の定めによって取締役及び監査役の給与の額を定めることとされています。

　しかし、この定めを超える給与を支給している場合、その超える部分については、税務上は過大役員給与として損金算入が認められなくなります（法令70一ロ）。

　したがって、支給された役員給与の額が総会決議や定款の定めによる限度額を上回っていないかどうかを確認しておく必要があります。

　調査においては、定款において役員給与の限度額を定めていたことを失念していたため、あるいは、単純に前年と同じ役員給与の限度額を株

主総会で決議し続けていたため、過大役員給与部分が生じていたという事例がよく見受けられます。

(5) 未払賞与を計上する場合の留意事項

　労働協約等の定めがない場合において、期末の従業員未払賞与の計上が損金として認められるためには、期末までに各従業員に対して、その額を通知し、翌期開始後1か月以内に通知した人全員に通知額どおりの賞与を支給していることが要件とされています（149頁の「Column8-8 使用人決算賞与の未払計上」参照）（法令72の3二）。

　調査の際、この期末までの通知の有無、支払の事実につき確認が行われますので、期末までに各人に通知したこと、支給した状況が明らかになる資料等を保管しておく必要があります。

(6) 役員退職金を支給する場合の検討事項

　役員が退職し、役員退職金を支給する場合、その損金算入時期は妥当か、及び過大役員退職金部分はないかということを確認しておく必要があります。

　特に多額の役員退職金を支給する場合、過大役員退職金に該当しないかどうかを、その退職役員の最終報酬月額、勤続年数、功績倍率等より検討する必要があります。

　なお、過大役員退職金の判定については、145頁の「Column8-6　過大役員退職金の取扱い」欄をご参照下さい。

8-4 役員給与・人件費における否認事例及び誤りやすい事例

Q　役員給与・人件費勘定には、どのような否認事例及び誤りやすい事例があるのでしょうか。

A　おおむね次のようなものが挙げられます。

（1）　架空の人件費を計上していたもの

架空人件費の計上の有無は、税務調査における最重点調査項目のひとつです。

架空人件費の計上が明らかになると、その人件費に係る損金処理が認められないだけではありません。

架空人件費で捻出した資金を代表者の個人的費用として支出していた場合には、代表者個人に対する源泉所得税にも影響しますし、支出した相手先を明らかにできない工作費として支出していた場合には、使途秘匿金課税の問題が生じることになります。

（2）　代表者の自宅の家政婦に対する給与を法人の事務職員に対する給与に仮装して支給していたもの

法人が役員に対して与えた経済的利益について損金算入が認められるかどうかは、原則として、その利益が規則的、反復継続的に供与されているかどうかにより決定されます。代表者個人が負担すべき家政婦の給与は、毎月定額で法人から支給されていますので、本来ならば損金算入が認められる役員給与に該当するものです。

しかし、事実を隠蔽、仮装して経理することにより支給された役員給

与については、例外として、損金不算入とされます（法法34③）。

（3）　役員給与を日割計算して未払計上していたもの

　従業員は会社とは雇用関係にあり、日々の労働に対し当然に給与を支払う義務が会社に生じます。したがって、例えば、その給与が20日締め25日払いであるような場合、期末において、21日から月末分の給与を日割計算し未払計上を行う処理が認められます。

　一方、役員と会社とは、雇用関係ではなく委任関係にあり、役員は会社の業務執行を包括的に委任され、その対価として給与が支払われるものであり、日割計算にはなじまないものとされています。したがって、役員給与の日割計上は認められません。

（4）　社長の長男である専務の結婚披露宴費用を交際費等として処理していたもの

　税務上、結婚式や結婚披露宴は、社会通念として個人的色彩の強い私的な行事であり、その費用は個人が負担すべきものであるとされています。

　したがって、そのような費用を会社が負担した場合は、たとえ出席者の中に取引先や同業者などが含まれていたとしても、交際費等とは認められず、損金不算入となる役員給与として取り扱われます。

（5）　役員に対して歩合給を支出していたもの

　役員に対して歩合給や能率給を支給した場合、その歩合給等については、たとえその支給基準が従業員と同一のものであったとしても、定期同額給与には該当せず損金不算入とされます。

　ただし、使用人兼務役員に対し、その使用人としての職務に対する給与について歩合制などを採用している場合は、不相当に高額なものに該

当しない限り、原則として、その歩合給等については損金算入が認められます。

（6）　非常勤役員である代表者の妻に対して高額の役員給与を支給していたもの

同族会社などにおいて、役員としての仕事を全くといっていいほど行っていない名目的な役員に対して、高額な役員給与を支給している場合がよくあります。

そのような場合、税務調査において、過大役員給与部分が含まれているとして、役員給与の一部を否認されるケースがあります。

（7）　株主総会で決議された役員給与の支給上限額を超えて支給された役員給与の額について損金算入していたもの

役員給与の額が株主総会の決議や定款の規定により定められた限度額を超える場合には、その超える部分の金額は、過大役員給与に該当し損金とはなりません。

過去の株主総会において決議した上限額を考慮せず、その上限額を超えて役員給与を支給している事実を税務調査において指摘される場合がありますので注意が必要です。

（8）　期中で理由もなく役員給与の額を増減させていたもの

期中において役員給与を増減させた場合には、その改定事由が、①期首から３か月以内の改定、②臨時改定事由による改定、③業績悪化改定事由による改定によるものでなければ、原則として、損金不算入となる役員給与部分が生じることとなり注意が必要です。

なお、増減が認められる改定事由、損金不算入となる役員給与が生じ

た場合の否認額の計算については136頁の「Column8-1　期中で役員給
与の額を改定した場合における取扱い」をご参照下さい。

（9）　事前確定届出給与を届出額どおりに支給していなかったもの

　事前確定届出給与について、事前に届け出た金額と異なる額を支給し
た場合、その支給額全額が損金不算入となるだけではなく、その役員に
対して支給された他の事前確定届出給与分についても、たとえもう一方
の支給分が届出額どおりにされていたとしても損金不算入とされます。

　例えば、ある取締役に対し、7月に100万円、12月に200万円の給与を
支給する旨の届出を行ったが、実際の支給額は7月が110万円、12月が
200万円であった場合、7月分の110万円が損金不算入となるだけではな
く、12月分の200万円も損金不算入とされます（法基通9－2－14）。

（10）　営業担当取締役に対する賞与を使用人兼務役員賞与として損金算
　　入していたもの

　使用人兼務役員は、取締役営業部長、取締役経理部長など、使用人と
しての職制上の地位を有する役員をいいます。

　単に営業担当取締役、総務担当取締役というだけでは、原則として、
使用人兼務役員には該当せず、そのような役員に対して支給された賞与
はその全額が損金不算入となります（法基通9－2－5）。

（11）　事業年度末に未払計上した賞与を翌事業年度期首から1か月以内
　　に支払う際、その賞与支給日に在職している使用人にのみ支払って
　　いたもの

　決算賞与等の臨時の賞与については、①その支給額を同時期に支給す
るすべての使用人に対して個別に通知するとともに、②その通知をした

すべての使用人に対し、その通知をした日の属する事業年度終了の日の翌日から1か月以内に通知どおりの金額を支払っており、③その支給額につき通知をした日の属する事業年度において損金経理している場合には、未払であってもその通知をした日の属する事業年度の損金となります（149頁の「Column8-8　使用人決算賞与の未払計上」参照）。

　なお、支給日に在職している使用人にのみ通知した賞与を支給することとしている場合には、未払計上分を損金とすることはできません。

(12)　子会社に対し無償で親会社の使用人を出向させていたもの

　子会社に対して無償で出向者を派遣したような場合、子会社に対する利益供与であるとして寄附金課税の問題が生じます。

　ただし、その子会社の倒産を回避するため、合理的な再建計画に基づき、やむを得ず無償の出向などが行われるような場合は、寄附金には該当しません（法基通9－4－2）。

(13)　代表者に対する給与が半減したという理由のみで、その代表者に対して支給した役員退職金を損金算入としていたもの

　役員の分掌変更等によりその役員に対する給与の額が激減する等、職務内容が激変し、実質的に退職したのと同様の事情が生じた場合には、現実に役員を退職していなくても役員退職金の計上が、税務上認められる場合があります（法基通9－2－32）。

　しかし、単に形式上、給与が激減しただけでは、退職給与として認められず、損金不算入となる役員給与であると認定される場合がありますのでご注意下さい。

　なお、詳細については、147頁の「Column8-7　分掌変更等の場合における役員退職給与」をご参照下さい。

Column8-1
期中で役員給与の額を改定した場合における取扱い

　定期同額の役員給与については損金算入が認められていますが、期中において役員給与を増減させた場合でも、以下の１のような改定事由による場合には、期中に支給した役員給与全額が定期同額給与であるとして損金算入が認められます（法法34①一、法令69①）。

1　損金算入が認められる場合

　次のような改定事由による場合は損金算入が認められます。

（1）　期首から３か月以内の改定

　会計期間開始の日から３か月を経過する日までに役員給与の額につき改定（増減）が行われた場合

（2）　臨時改定事由による改定

　例えば、平取締役が代表取締役に就任したことなど、役員の職制上の地位の変更やその役員の職務内容の重大な変更等により改定（増減）が行われた場合

（3）　業績悪化改定事由による改定

　経営状況が著しく悪化したこと等により改定（減額のみ）が行われた場合

2　その他の事由により改定が行われた場合における損金不算入額の計算

　次のような場合には、期中に支給した役員給与の中に定期同額給与以外の部分が含まれているとして、その一部については損金算入が認められません。

（1）　期中で役員給与の額を増額させた場合

　期中で役員給与の額を増額させた場合（上記１のいずれかに該当する場合を除きます。）で、増額後の各支給時期における支給額が同額であるような場合などは、従前からの定期同額給与とは別個の定期給与が上乗せされて支給されたものであると考えられ、上乗せ支給された部分の金額が損金不算入とされます。

（2）　期中で役員給与の額を減額させた場合

　期中で役員給与の額を減額させた場合（上記１のいずれかに該当する場合を除きます。）で、減額後の各支給時期における支給額が同額であるような場合などは、本来の定期同額給与の額は減額改定後の金額であり、減額前は、その定期同額給与の額に上乗せ支給を行っていたものであるとして、減額改定前の定期給与のうち、減額後の定期給与の額を超える部分の金額が損金不算入とされます。

Column8-2　業績悪化による役員給与の期中減額

1　業績悪化による役員給与の減額

　毎月支給する役員給与について損金算入が認められるためには、原則として、その支給額が定期同額である必要があります（期首から3か月以内の改定や、役員の地位変更等による改定による場合を除きます。）（法法34①、法令69）。

　ただし、期中において役員給与を減額した場合であっても、それが法人の経営状況が著しく悪化したこと等の理由によるものであれば、その減額により損金不算入とされる役員給与が生じるということはありません（業績悪化改定事由による改定）。

2　経営状況の著しい悪化とは

　1における「経営状況が著しく悪化したこと等の理由」とは、経営状況が著しく悪化したことなどやむを得ず役員給与を減額せざるを得ない事情があることをいいます（法基通9－2－13）。

　また、次のような理由により役員給与を減額した場合は、業績悪化改定事由による改定に該当するとされます。

（1）　対株主責任を果たすための減額：株主との関係上、業績や財務状況の悪化についての役員としての経営上の責任から役員給与の額を減額せざるを得ない場合

（2）　借入金返済のリスケジュールに伴う減額：取引銀行との間で行われる借入金返済のリスケジュールの協議において、役員給与の額を減額せざるを得ない場合

（3）　取引先等からの信用を維持・確保するための改善計画に基づく減額：業績や財務状況又は資金繰りが悪化したため、取引先等の利害関係者からの信用を維持・確保する必要性から、経営状況の改善を図るための計画が策定され、これに役員給与の額の減額が盛り込まれた場合

　なお、法人の一時的な資金繰りの都合や単に業績目標に達しなかったことなどはこれに含まれません。

3　理由もなく減額をした場合の損金不算入額の計算

　仮に、理由もなく以下の〔設例〕のように期中で役員給与を減額した場合には、損金不算入とされる役員給与が生じてしまうことになります。

〔設例〕（３月決算法人、定時株主総会開催は５月下旬）
- 減額前の役員給与：80万円／月
- 減額の状況：１月支給分より50万円／月に減額

　この設例の場合、損金不算入額は30万円（減額前と減額後の差額）×７か月（６月から12月分）＝210万円となります。

　なお、損金不算入額の計算を期首まで遡らず、定時株主総会時までとしたのは、定時株主総会において同額の給与改定決議がされたものとし、総会前の４月、５月支給分は月80万円、総会後の６月支給分以降は減額後の月50万円が定額同額給与に該当するという考え方によるものです。

Column8-3　役員に対する経済的利益

1　役員に対する経済的利益

　法人が役員に対し経済的利益を与えた場合、その経済的利益の額は、原則として、その役員に対する給与として取り扱われることになり、源泉徴収を行う必要があります。

　法人税基本通達9－2－9（債務の免除による利益その他の経済的な利益）においては、役員等に対する経済的利益は、次のような場合に生じるとされています。

（1）　役員等に対して資産を贈与したり低額で譲渡した場合

（2）　役員等から資産を高価に買い入れた場合

（3）　役員等から債務を無償で引き受けた場合

（4）　役員等に対する債権を放棄したり免除した場合

（5）　役員等が居住するための家屋や土地を無償又は低額で貸し付けた場合

（6）　役員等に対して金銭を無償あるいは通常より低い利率により貸し付けた場合

（7）　役員等に対して無償あるいは通常より低い価額で役務を提供した場合

（8）　役員等に対して交際費や機密費、旅費等の名目で、法人の業務のために使用したことが明らかでない金銭等を支給した場合（いわゆる渡切交際費の支給など）

（9）　役員等の個人的費用を負担した場合

（10）　役員等が負担すべき社交団体等の会費や入会金を負担した場合

（11）　役員等を被保険者及び保険金受取人とする生命保険の保険料を負担した場合

2　定期同額給与として損金算入が認められるもの

　役員に対する経済的利益は、法人税法上、役員給与とされますが、そのうち次のような経済的利益の額については、定期同額給与（継続的に供与される経済的利益のうち、その供与される利益の額が毎月おおむね一定のも

の）として損金算入が認められています（法基通9－2－11）。

① 　上記1（1）の資産の贈与や低廉譲渡又は（7）の無償又は低額な役務提供を行った場合で、その経済的利益の額が毎月おおむね一定しているもの

② 　1（5）の役員居住用の家屋等の無償又は低額貸付けや（6）の役員等に対する金銭の無償あるいは低利貸付けによる経済的利益の額（その額が毎月著しく変動するものは除かれます）

③ 　1（8）のいわゆる渡切交際費のうち、毎月定額で支給されるもの

④ 　1（9）の役員等の個人的費用負担額のうち、毎月負担する住宅の光熱費、家事使用人の給与など（その額が毎月著しく変動するものは除かれます。）

⑤ 　1（10）の役員等が負担すべき社交団体等の会費や入会金、（11）の役員等を被保険者及び保険金受取人とする生命保険の保険料の負担額のうち経常的に負担するもの

3　仮装経理等により経済的利益を供与した場合

　法人が、事実を隠蔽又は仮装して経理することにより、役員に経済的利益を供与した場合には、たとえその供与された経済的利益の額が毎月おおむね一定であっても、その利益の供与は不正計算によるものであるため、その負担額については、損金の額に算入されませんので注意が必要です（法法34③④）。

Column8-4　使用人兼務役員に対する賞与

1　使用人兼務役員に対する賞与の取扱い

　役員であっても、取締役営業部長や取締役工場長などのように、役員である取締役と使用人である部長や工場長を兼務する使用人兼務役員については、その賞与のうち使用人部分については損金算入が認められています（法法34①）。

〔損金不算入部分の算定〕

　例えば、使用人兼務役員である取締役営業部長A氏、及びA氏と同程度の地位にある部長B、C、D氏（いずれも役員ではありません）の賞与支給状況が次の表のような場合、A氏の賞与のうち損金不算入となる金額は合計15万円になります。

	夏季賞与	冬季賞与
取締役営業部長A	100万円[※1]	100万円[※3]
総務部長B	90万円[※2]	90万円
経理部長C	85万円	95万円[※4]
技術部長D	80万円	80万円
損金不算入額	10万円 (100万円−90万円)	5万円 (100万円−95万円)

　A氏に支給された賞与のうち、夏季分は10万円（A氏の賞与100万円[※1]−使用人である部長の賞与のうち最高額であるB氏の賞与90万円[※2]）、冬季分は5万円（A氏の賞与100万円[※3]−C氏の賞与95万円[※4]）が、それぞれ役員賞与分として損金不算入となります。

　事業年度中に各人に支給された賞与の合計額で判定するのではなく、賞与の支給ごとに判定を行うことにご注意下さい。

　なお、使用人兼務役員の使用人分賞与を損金とするためには、次の要件をすべて満たす必要があります（法法34⑥、法令70三）。

（1）　部長、課長、支店長、工場長など使用人としての職制上の地位を有している者であること（総務担当、営業担当取締役などは不可）。

（2）　常時使用人として従事している者であること（非常勤役員などは不可）。

（3）　他の使用人と同じ時期に賞与を支給すること。

（4）　賞与を支給した事業年度において損金経理をすること。

（5）　使用人部分の賞与の額が、同程度の地位にある他の使用人の賞与の額と比較して相当であること。

2　使用人兼務役員として認められない役員

　次のような役員は、税務上の使用人兼務役員とは認められません（法令71）。

（1）　社長、副社長、専務、常務等の肩書を持つ役員や、代表取締役、監査役、業務執行社員など

（2）　次の①〜③の持株要件をすべて満たしている者

　　①　持株割合が50％超の株主グループに属している者（第1順位のグループのみでは50％超に達しないが、第2順位、あるいは第2、第3順位のグループの持株数を加えて初めて50％超になる場合のそれぞれのグループも含まれます。）⇒50％基準

　　②　持株割合が10％超の株主グループに属している者⇒10％基準

　　③　その者（配偶者等を含みます。）の持株割合が5％超である者⇒5％基準

Column8-5　出向役員に係る給与負担金の取扱い

　　出向に係る給与負担金の取扱いは、次のように定められています（な
お、親会社の使用人が子会社へ出向した場合を例にして解説を行います。）。

1　子会社が支出した給与負担金の取扱い

　　親会社の使用人が子会社に出向し、その出向した使用人（「出向者」）の
給与を引き続き親会社が支給することとしている場合において、子会社が
親会社に対し、その出向者に対する給与相当額を給与負担金（あるいは出
向料、経営指導料など）として支出したときは、その支出した給与負担金
の額は、子会社においてその出向者に対する給与であるとして法人税法上
取り扱われます（法基通9－2－45）。

2　出向者が子会社において役員となっている場合

　　次に、その出向者が、子会社において役員となっている場合（いわゆる
出向役員の場合）、次の（1）、（2）いずれの要件をも満たすときは、子
会社が支出するその出向役員に係る給与負担金の支出を、子会社がその出
向役員に対して役員給与を支給したものとして取り扱い、税務上の役員給
与の規定が適用されることになります（法基通9－2－46）。

（1）　その出向役員に係る給与負担金の額につき、その役員に対する給与
　　　として子会社における株主総会等の決議がされていること。

（2）　出向契約等において、その出向者に係る出向期間及び給与負担金の
　　　額があらかじめ定められていること。

　　したがって、例えば子会社が、上記（1）、（2）の要件を満たしたうえ
で、出向役員に係る給与負担金を定期同額で親会社に支払っていれば、そ
の給与負担金については損金算入が認められる役員給与として取り扱われ
ることとなります。

　　また、定期同額給与以外の給与負担金の支出であっても、その支出が
「事前確定届出給与」の規定の適用を受けることができるようなものであ
る場合には、子会社が、その納税地の所轄税務署長に、その支出について
の「事前確定届出給与に関する届出書」を提出することにより損金算入が
可能となります。

Column8-6　　　　**過大役員退職金の取扱い**

1　過大役員退職金の判定

　役員退職金は原則として損金の額に算入されますが、不相当に高額な部分は損金の額に算入されないこととされています（法法34②）。

　この"不相当に"高額な部分かどうかの判定は、その退職した役員の勤続年数、退職の事情、退職時の給与額、他の同規模同業種の会社における支給状況等から総合的に判定すべきものですが、実務上は、次のような計算式を用いてその判定が行われる場合が多いようです。

〔計算式〕
　役員退職金の適正額＝
　　　その役員の退職時の給与月額×勤続年数×功績倍率

　なお、この式における功績倍率は他の同規模同業種の会社における役員に対する退職給与の支給状況やその役員の地位等に照らして算定されますが、過去の判例や解説書などによればおおむね次のような率が示されています。

〔功績倍率〕
　代表取締役社長　　3.0
　専務取締役　　　　2.4
　常務取締役　　　　2.2
　取締役　　　　　　1.8
　監査役　　　　　　1.6
（参考：東京地裁・昭和55年5月26日判決）

　この式によれば、例えば、30年間役員として勤めた社長が退職し、退職時の役員給与月額が100万円であった場合、税務上退職金として相当とされる額は、

$$\underset{100万円}{\overset{（最終給与月額）}{}} \times \underset{30年}{\overset{（勤続年数）}{}} \times \underset{3.0}{\overset{（功績倍率）}{}} = 9,000万円$$

となり、9,000万円程度の退職金であれば過大部分はないと税務上判定さ

れることになりましょう。

　ただし、この方法による判定はあくまでも目安であり、この計算式により求めた額より多額の退職金を支給していても、その役員が会社に対し多大な貢献があったり、最終給与月額がたまたま退職時点においては減額されていたような事情がある場合については、その支給額全額の損金算入が認められる余地があるとも考えられます。

　逆に、この計算式により求めた額を支給していても、計算の基礎となった最終給与月額がもともと高額なものであったり、多額の退職金を支給するため、退職する直前に理由もなくその給与月額を増加させているような場合には、その支給額の中に過大部分があるとして、その過大部分につき否認されるといった場合も生じてくるものと思われます。

Column8-7 分掌変更等の場合における役員退職給与

1 役員退職給与の計上

　役員に対する退職給与は、役員を退職したという事実をもとに支給されるものですが、税務上は、役員を退職していなくても、その地位や職務内容が激変し、実質的に退職したのと同様の事情が生じた場合に支給された退職金についても、退職給与として取り扱うことが認められています。

　例えば、代表取締役社長が社長を退任し、今後は会社経営に直接関わらない非常勤の平取締役に退き、給与の額も激減するというような事実にもとづき退職金を支給するような場合が考えられます。

2 実質的に退職したのと同様の事情

　税務上、役員の分掌変更や改選による再任等により、例えば、次のような事実があったような場合には、実質的に退職したのと同様の事情であるとされ、その役員に支給する退職金については、税務上、退職給与として取り扱うことができるとされています（法基通9－2－32）。

（1） 常勤役員が非常勤役員になったこと

　これは、常勤役員が非常勤役員になったということは実質的に地位の低下があり、経営上の意思決定に参画する機会が減少するということで、退職給与の支給を認めたものです。

　したがって、非常勤役員になっても代表権を有する者や実質的にその法人の経営上主要な地位を占めている者については除かれることになります。

（2） 取締役が監査役になったこと

　これも、取締役が監査役になったということは、経営の第一線を退いた者であるとして、退職給与の支給を認めたものです。

　ただし、監査役になっても実質的にその法人の経営上主要な地位を占めている者や、例えばオーナー一族など一定の持株要件を満たすような者は除かれます。

（3） 分掌変更等の後における役員給与の額が激減（おおむね50%以上の減少）したこと

　これは、役員給与の額が50%以上激減するということは、それだけ地位

の変動があったであろうということで、退職給与の支給を認めたものです。すなわち、地位の変動という事実を形式的に役員給与の額の激減という事実により判定しようとするものです。

　したがって、報酬激減後もその法人の経営上主要な地位を占めていると認められるような者は除かれます。

3　留意事項

　以上の3つの事実は、役員を退職していなくても、実質的に退職したのと同様の事情にある場合の具体例として挙げられたものであり、今後も経営上主要な地位を占めるであろう者に対し、単に形式上、上記のような要件を整えて退職金を支給したような場合には、税務上、退職給与として認められないということにご注意下さい。

　また、未払計上は原則として認められませんので、その点についても注意する必要があります。

Column8-8　　使用人決算賞与の未払計上

1　決算賞与の未払計上

　使用人に対する賞与については、原則として、その賞与を支給した事業年度において損金算入が認められますが、期末において決算賞与や期末賞与などを支給するような場合には、一定の要件を満たせば、事業年度末までに現金等で賞与の支給を行っていなくても、賞与を未払計上し損金処理することが認められています。

2　未払賞与の計上が認められる要件

　賞与について、次の（1）から（3）までの要件をすべて満たしている場合には、その支給額を通知した日の属する事業年度において未払賞与の損金処理が認められます。

（1）　その支給額を各人別に、かつ、同時期に支給を受けるすべての使用人に対して通知していること

（2）　通知した日の属する事業年度末日の翌日から1か月以内に、（1）で通知した金額を、その通知をしたすべての使用人（通知日には在職していたが、支給日に退職している使用人も含まれます。）に対し支払っていること

（3）　その支給額につき、（1）で通知した日の属する事業年度において損金経理（未払計上）していること

　なお、労働協約や就業規則に定められている賞与支給予定日がすでに期末までに到来しているような場合にも、次の①②の要件を満たしていれば、その支給予定日又はその通知をした日のいずれか遅い日の属する事業年度において未払賞与の計上が認められます。

①　使用人にその支給額が通知されていること

②　支給予定日又は通知の日の属する事業年度に損金経理していること

3　通知における留意点

　上記2における各使用人に対する通知ですが、その通知の事実が後日確認できるように、例えば、事業年度末までに通知日、支給額が記載された

通知書を作成のうえ各使用人に交付し、その控えに各使用人から受領印を
受けるなどの措置を講じておくのが良いと思われます。

Column8-9　特殊関係使用人に対する給与、退職金

1　特殊関係使用人に対する給与、退職金の取扱い

　法人が使用人に対して支給する給与や退職金は、雇用契約に基づく労働の対価であり、原則としてその全額の損金算入が認められます。

　しかし、使用人といっても、代表者の親族など法人の役員と特殊の関係にある使用人（これを「特殊関係使用人」といいます。）に対する給与や退職金については、そのうち不相当に高額な部分は損金の額に算入されないこととされています。

　これは、代表者の配偶者や子供などに多額の給与や退職金を支給して、法人税の負担軽減を図ることを防止するために設けられたものです。

2　特殊関係使用人とは

　この取扱いにおける特殊関係使用人とは、次の（1）から（4）までの使用人をいいます（法令72）。

（1）　役員の親族（配偶者、6親等内の血族、3親等内の姻族）

（2）　役員と事実上婚姻関係と同様の関係にある者

（3）　（1）（2）以外の者で役員から生計の支援を受けている者

（4）　（2）（3）の者と生計を一にするこれらの者の親族

3　過大使用人給与の判定基準

　このような特殊関係使用人に対して支給する給与のうち、不相当に高額な部分については損金の額に算入されません（法法36）。具体的に、不相当に高額な部分かどうかの判定基準としては、次のようなものが挙げられます（法令70一イ）。

（1）　その使用人の職務内容

（2）　その法人の収益、他の使用人に対する給与の支給状況

（3）　その法人と同種の事業を営む法人でその事業規模が類似するものの　　　使用人に対する給与の支給状況

　なお、ここでいう給与には、通常の給与や賞与のほか、債務免除などの経済的利益が含まれ、退職給与に該当するものは除かれます。

4　過大な使用人退職金

　給与と同じく、特殊関係使用人に対して支給する退職金についても、不相当に高額な部分の金額は損金不算入とされています（法法36）。

　不相当に高額な部分かどうかの判定基準としては、次のようなものが挙げられます（法令72の2）。

（1）　その使用人の業務従事期間

（2）　その使用人の退職の事情

（3）　その法人と同種の事業を営む法人でその事業規模が類似するものの使用人に対する退職金の支給状況

第9章

修繕費

修繕費における調査ポイント

① 修繕費勘定の中に資本的支出に該当する支出はないか
② 修繕費の計上時期は妥当か
③ 架空の修繕費の計上はないか

9-1 修繕費勘定の目のつけどころ

Q 修繕費勘定の調査ポイントには、どのようなものがありますか。

A 資本的支出と修繕費の区分は、税務調査においてよく問題となる事項であり、実際の否認事例もよく見受けられます。

　また、調査官にとっては、帳簿等に記載されていない売上除外や棚卸除外を発見するのと異なり、会社が保管している帳簿、資料等をもとに検討を行うわけですから、比較的調査が容易な科目でもあります。

　税務上、資本的支出とは、固定資産の修理改良等のために支出した金額のうち、その固定資産の価値を高め、又はその耐久性を増すこととなる部分の金額をいいます。

　一方、修繕費とは、固定資産の修理改良等のために支出した金額のうち、通常の維持管理のため、又はき損した固定資産につき、その原状を回復するために要した部分の金額をいいます。

　ただし、一の計画に基づき同一の固定資産について行う修理、改良等のために要した費用の額が20万円未満である場合又は修理、改良等がおおむね3年以内の期間を周期として行われることが既往の実績その他の事情からみて明らかである場合には、修繕費として損金経理することができます。

　しかし、このような定義規定を個々の具体例に当てはめてみても、両者の区分が明確でない場合が多く、税務調査の際も調査官との間に見解の相違が生じる場合もよくあります。税務調査にお

いて否認を受けないためには、修繕費として処理した根拠を、その裏付けとなる資料等とともに明らかにし、その妥当性を調査官に説明する必要があるでしょう。

修繕費勘定の調査ポイントとしては、次のようなものがあります。

（1） 修繕費勘定の中に資本的支出に該当する支出はないか

修繕費の調査のうち最も重要なポイントは、修繕費、補修費、改良費等として計上されているものの中に、その資産の使用可能期間や効用を増加させるような支出、すなわち資本的支出に該当するものはないかというものです。

また、倉庫を事務室に改造するなど、建物等の用途変更を行った場合に係る費用は、その建物の価値を高めるための支出であるとして資本的支出に該当します。さらに、集中生産を行うために機械及び装置を移設するために要した費用も、資本的支出に該当します。

税務調査においては、これらの建物の用途変更や機械移設のための費用についても、適正に処理されているかどうかの検討がされます。

（2） 修繕費の計上時期は妥当か

法人が修繕費として計上したものの中に資本的支出に該当するものが含まれていなかったとしても、次にその計上時期の妥当性が問題となります。

特に、事業年度末直前に計上されている修繕費については、翌事業年度に計上すべきものではないかどうかが検討されます。

（3）　架空の修繕費の計上はないか

　税務調査においては、不正計算の有無が重点調査項目となります。修繕費の計上についても例外ではありません。

　架空の修繕費を計上して簿外資金を捻出していないか、あるいは、特定の者に利益供与を行うため、実際には修繕を行っていないにもかかわらず、修繕を行った対価という目的で金銭を支払っていないかということも当然、調査のポイントとなります。

　また、相手方と通謀したり、検収書を改ざんするなどして、翌事業年度に計上すべき修繕費についてその修繕完了日を仮装し、調査対象事業年度に修繕費計上していないかということも検討されます。

9-2 修繕費勘定の調査方法

 修繕費勘定につき、調査官はどのように調査を進めるのでしょうか。

 修繕費勘定について、調査官はおおむね次のような点を中心に調査を進めていくものと思われます。

（1） 見積書、請求書等から修理・改良等の内容の把握

　修理業者等からの見積書、請求書、契約書等を把握し、そこに記載されている修理・改良等の内容を検討し、資本的支出に該当するものはないかを調査します。

　またその際、その見積書、請求書等が改ざんされたり、差し替えられたものでないかどうかという点についても検討が行われます。

（2） 稟議書、予算書からの検討

　修繕費のうち、金額が多額となるものは、事前に稟議書による承認を得たり、予算措置が講じられたりする場合があります。

　このような場合、稟議書、予算書等からその修理・改良等の内容を検討する場合もあります。

（3） 現場担当者に対する質問

　調査法人において、実際に修繕を担当した部署の人物と面談し、修繕を行った場所、具体的な工事内容、工事期間、資本的支出ではなく修繕費として処理した理由などにつき質問調査を行います。

　実際の調査の際、経理担当者ではなく現場担当者に直接質問を行う

と、経理担当者も知らなかった事実が明らかになることもあるようです。

　このように経理と現場双方から調査することで、帳簿書類だけでは分からないその修繕の実態を明らかにするところに、その主眼があります。

（4）　修理場所への臨場

　見積書、稟議書等から修理・改良等の内容を把握するとともに、調査官自らが、その修理・改良等が行われた場所に臨場し、実際の修理・改良等の状態を確認する場合もあります。現場確認を行うことにより、会社の処理の妥当性をより具体的に検討することが可能となるためです。

（5）　修理完了日の確認

　特に事業年度末直前に計上されている修繕費については、検収書、工事完了報告書、契約書、修理代金の決済状況等から事業年度末までの修繕完了の有無を検討します。

　その際は、修理・改良等の完了日を改ざんしていないかどうかということも調査の対象となります。

（6）　反面調査の実施

　以上のような調査を行ってもなお、修理・改良等の工事内容、工事完了日等につき不審点が残る場合、実際に修理・改良等を行った業者に対して反面調査を行います。

　そして、実際に修理・改良等の工事を行ったか否か、実際に工事を行っていたならばその工事内容は具体的にどのようなものか、期末直前に修繕費の計上がなされている場合には、実際に工事が完了したのはいつかというような事項につき確認を行います。

9-3 否認を受けないための対応策

 Q 修繕費勘定について否認を受けないための対応策を教えて下さい。

 A 具体的な対応策としては、次のようなものが考えられます。

（1）　資本的支出と修繕費の区分の的確化

　まず、資本的支出と修繕費を正確に区分することです。経理担当者は、単に感覚で両者を区分するのではなく、一の修理・改良等の工事が耐用年数の延長、価値や効用の増加をもたらすものなのか、あるいは通常の維持管理、現状回復のものなのかを資料等をもとに充分検討し、その理由づけと共に両者の区分を的確に行う必要があります。

　また、一つの見積書等に記載されている修理・改良等の工事でも、その工事内容を細分化すれば、そのそれぞれが、資本的支出や修繕費に区分される場合もあります。したがって、見積書や請求書ごとの単位ではなく、その中の個々の工事ごとに検討が必要な場合もありますので注意が必要です。

（2）　補修箇所の確認

　経理担当者は、資本的支出と修繕費の区分を、契約書、見積書、請求書等の書類のみで判断しがちです。しかし調査官は、補修箇所を現物確認してその処理の妥当性を検討する場合が多くあります。

　したがって、経理担当者もできる限り、補修箇所に臨場し、書類上で行った処理の妥当性を確認すべきです。また、現地に行くことが困難な

場合には、担当者から補修の状況を聴くなどして、できるだけ書類上のみの判断を避けるべきです。

（3） 修繕に係る資料、写真等の保管

　税務調査では、資本的支出と修繕費の区分について必ずといってよいほど質問があります。

　したがって、その支出を修繕費にした理由を説明できるような資料を準備すると同時に、修繕前と修繕後の補修状況を明らかにした写真を撮って保管しておくことも必要です。

（4） 形式基準適用の検討

　補修・改良工事には、資本的支出と修繕費の実質的判定が困難なものが多く、少額なものや明らかに資本的支出あるいは修繕費と認められるものを除き、資本的支出か修繕費か明らかでない費用につき、法人税基本通達で定められている、60万円基準やいわゆる7：3基準といった形式基準を適用できないかどうかを検討することが重要となります。その具体的な取扱いについては166頁の「Column9-1　資本的支出と修繕費の区分方法」をご参照下さい。

（5） 修繕費に該当する工事費用の見積書、請求書等に「改良、補強、改造、強化」などの文言を用いない

　修繕費として処理した修理・改良工事について、その見積書、請求書等に「改良、補強、改造、強化」等の文言が記載されているものがあります。見積書等にこのような文言が記載されていると、税務調査の際、調査官はどうしてもその文言にとらわれて資本的支出として認定しがちになります。

　税務上、修繕費に該当するような支出であれば、その見積書等にこのような文言を記載するのは極力避けるべきでしょう。

9-4 修繕費勘定における否認事例及び誤りやすい事例

 修繕費勘定における否認事例や誤りやすい事例について教えて下さい。

 典型的な事例としては、次のようなものがあります。

（1） 架空の修繕費を計上して簿外資金を捻出し、工作費にあてていたもの

（2） 代表者の自宅改修に係る費用を、見積書、請求書等を改ざんすることにより、工場の修繕費用に仮装して処理していたもの

（3） 事業年度末には修繕工事が完了していないにもかかわらず、工事業者に依頼して修繕に係る工事検収書の日付を改ざんして、あたかも事業年度末に完了したかのごとく仮装し、当事業年度末に修繕費を計上していたもの

　（1）から（3）の否認はいずれも、法人が仮装、隠ぺい行為を行っており、その否認額は重加算税の対象となります。

　税務調査においては、このような不正計算の有無の検討が、調査の最重点項目となります。

（4） 建物のスチールサッシをアルミサッシに取り替えたにもかかわらず、その取替費用全額を修繕費としていたもの

　建物のスチールサッシをアルミサッシに取り替えたり、機械の部分品を特に品質又は性能の高いものに取り替えたような場合には、その取替えに要した費用の額のうち、通常の取替えに要すると認められる費用の

額を超える部分の金額は資本的支出とされます（法基通7 − 8 − 1 ⑶）。

　例えば、アルミサッシに取り替えた場合の費用が150万円、仮に従前のスチールサッシと同品質のものと取り替えた場合に要する費用が100万円とすれば、

> 150万円 − 100万円 ＝ 50万円

が資本的支出となります。

　なお、取替費用150万円のうち50万円が資本的支出に該当したとしても、残額の100万円がそのまま修繕費とされるのではなく、100万円部分は、資本的支出か修繕費かが明らかでない部分となり、別途区分が必要であると考えます。

　その具体的な区分方法については166頁の「Column9-1　資本的支出と修繕費の区分方法」（3）以下をご参照下さい。

（5）　中古建物を購入し、事業の用に供する際に行った雨漏り部分の補修、壁の塗替え、傷んだ床面部分の補修に要した費用を修繕費として処理していたもの

　このような補修工事は、その建物の価値を高めたり、耐用年数を延ばしたりするものではなく、通常は修繕費として処理されるものです。

　しかし、購入した減価償却資産に対して、事業の用に供する前に行った補修の費用については、その資産を事業の用に供するための支出と認められ、その資産の取得価額に含める必要があります（法令54①一ロ）。

（6）　倉庫を事務室に改装した費用を修繕費として処理していたもの

　建物等について、用途変更のための模様替え等を行い、その資産の機能や利用内容が変わる場合があります。

　このような模様替え等に直接要した費用の額は、その建物の価値等を高めるための支出とされ、資本的支出に該当します（法基通7－8－1(2)）。

　資本的支出に該当する模様替え等の費用の具体例としては、次のようなものがあります。

① 　倉庫を事務室に改装する費用

② 　喫茶店をバーに改装する費用

③ 　普通倉庫を冷凍倉庫に改装する費用

④ 　貨物船を客船に改装する費用

（7）　集中生産を行うための機械装置の移設費用を修繕費として処理していたもの

　機械装置の移設費は、その機械装置自体の効用を高めるものではないとされ、通常は修繕費であるとされます。

　しかし、その移設が集中生産を行うためとか、より良い立地条件で生産を行うために、ある工場の機械装置を他の工場に移設したような場合には、その移設に要した費用はその機械装置の取得価額に算入しなければなりません（法基通7－3－12）。

　このような移設費用は、移設によって、機械装置をより効率的に動かすことを期待して支出されたものであるとされるためです。

（8）　中小企業者等が20万円以上30万円未満の資本的支出を修繕費として処理していたもの

　平成19年度の税制改正により、資本的支出は、原則として、新たな減価償却資産を取得したものとして償却限度額の計算を行うこととされました（法法31⑥、法令55①）。

　また、租税特別措置法上の中小企業者等（大規模法人の子会社等を除

く資本金１億円以下の法人など）が取得価額30万円未満の少額減価償却資産を取得したときは、年合計額300万円を限度として取得時の全額損金算入が認められています（措法67の５）。

　これらの規定から、中小企業者等が20万円以上30万円未満の資本的支出を行った場合は、その資本的支出を新たな資産の取得とみて、支出時の全額損金算入が可能なように思われます。

　しかし、少額減価償却資産に対する全額損金算入の規定は、新たに取得、製作等をした減価償却資産についてのみ適用があり、すでに有する減価償却資産について行われた資本的支出については適用がありませんので注意が必要です（措通67の５－３）。

　なお、支出額が20万円未満の資本的支出については、修繕費として損金処理をすることが認められています（法基通７－８－３）。

Column9-1　資本的支出と修繕費の区分方法

　資本的支出と修繕費の区分についての具体的な基準が、法人税基本通達により明らかにされています。その流れを図表で表すと、下の〔図表9-1〕のようになります。

[図表9-1]　資本的支出と修繕費の区分

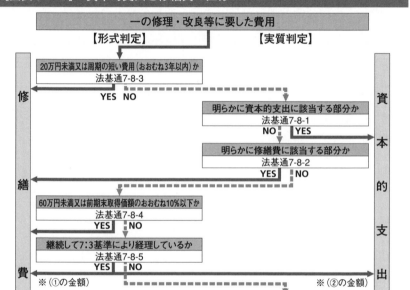

※①の金額＝支出金額の30％と前期末取得価額×10％の少ない金額
　②の金額＝支出金額-①の金額

（1）　まず、支出額が20万円未満、又はおおむね3年以内の周期で発生する支出かどうかを判定します（法基通7-8-3）。
　　　　該当すれば修繕費として処理します。
（2）　次に、明らかに資本的支出となるもの、及び明らかに修繕費となるものをそれぞれ資本的支出、修繕費として処理します（法基通7-8-1、7-8-2）。

（3）　以上によっても区分できないものは、資本的支出か修繕費かが明らかでない支出となります。そして、（2）で処理した残額が次のいずれかに該当すれば、その残額全額を修繕費として処理します（法基通9－8－4）。

①　60万円未満

②　修理・改良等を行った資産の前期末現在の取得価額（未償却残高ではない）のおおむね10%以下

（4）　（3）によっても、判定ができない場合、次のいずれかの方法により、資本的支出か修繕費かの判定を行うことになります（法基通7－8－5）。

①　イ、ロのいずれか少ない金額を修繕費とし、残りを資本的支出とする区分を行う（いわゆる7：3基準）

　　イ　その金額の30%相当額

　　ロ　その修理・改良等をした固定資産の前期末における取得価額の10%相当額

②　その支出により延長された使用可能年数、増加した価値の部分等を合理的に見積もり、実質により区分する（法令132）

　　なお、①の7：3基準を用いる場合、法人はその基準を継続適用しなければならず、ある事業年度においては7：3基準を、他の事業年度においては実質判定を行うというような処理は認められませんのでご注意下さい。

第10章

会費・入会金

会費・入会金における調査ポイント

① 個人的な費用に該当するものはないか
② 交際費等に該当するものはないか
③ 寄附金に該当するものはないか
④ 資産計上すべきものはないか
⑤ 翌事業年度以降の費用とすべきものはないか

10-1 会費・入会金等についての目のつけどころ

Q 　会費・入会金等に係る調査ポイントには、どのような ものがありますか。また、調査はどのように進められま すか。

A 　会費・入会金等に係る調査ポイント及び調査の進め方 として、以下のようなものがあります。

　法人は、その事業活動に役立てるため、様々な団体、すなわち同業者 団体、ゴルフクラブ、レジャークラブ、社交団体、従業員福利厚生団体 等に加入します。

　税務調査においては、そのような団体に対して、法人が支払う会費・ 入会金等に係る税務処理の妥当性につき検討が行われます。

　すなわち、費用として計上した会費等の支出が、

（1）　個人的な費用に該当するものではないか

（2）　交際費等に該当するものではないか

（3）　寄附金に該当するものではないか

（4）　資産計上すべきものではないか

（5）　翌事業年度以降の費用とすべきものではないか

というポイントを中心に調査が進められることになります。

　調査を進めるにあたっては、経費帳、稟議書、出席報告書、領収書、 請求書、加入している団体等の会則・規約、会報、会計報告等の資料を 中心に検討が行われます。

　調査を受ける法人側もこうした調査ポイントに対応した事前チェック が必要となります。

10-2 会費・入会金における否認事例及び誤りやすい事例

会費・入会金等における否認事例、誤りやすい事例にはどのようなものがありますか。

否認事例及び誤りやすい事例としては、次のようなものがあります。

（1）　法人が支出したゴルフクラブの入会金を入会時に会費として損金処理していたもの

　ゴルフクラブの入会金や他から購入したゴルフクラブ会員権の実質は、ゴルフ場施設利用権（一種の無形固定資産）であるといわれています。その施設利用権は、次のような性質を有しており、税務上は、無形の非減価償却資産であるということができます。

①　永久利用権としての性格を有しており、ゴルフ場がプレー可能である限りその利用権の価値は減少しない

②　会員権を他に譲渡することにより、投下資金を回収できる

③　水道施設利用権や電気通信施設利用権のように、税務上、償却が可能な無形減価償却資産として列挙されていない

　したがって、法人がその業務目的で支出したゴルフクラブ入会金や他から取得したゴルフクラブ会員権については、たとえ脱退時に入会金の返還を受けられない場合とか、権利を他人に譲渡できない場合であっても、入会時の損金処理は認められず、プレーが可能である限り資産計上する必要があり、その償却も認められないこととされます（法基通9－7－11）。

　そして、ゴルフクラブを脱退してもその返還を受けることができない

場合におけるその入会金やその会員たる地位を他に譲渡したことにより
生じたその入会金に係る譲渡損失については、その脱退をし、又は譲渡
をした日の属する事業年度において損金の額に算入することになります。

　なお、他人の有するゴルフ会員権を購入した場合には、その購入代価
にゴルフクラブに支払う名義書換手数料、ゴルフ会員権取扱い業者に支
払う購入手数料を含めて資産に計上する必要があります。

（2）　代表者等が法人の業務と関係なく個人的に利用するためのゴルフクラブの入会金を法人の資産として計上していたもの

①　法人会員として入会する場合

　法人会員として入会する場合、入会金は、原則として、資産として計
上する必要があります。ただし、記名式の法人会員でも名義人である特
定の役員や使用人が専ら法人の業務に関係なく利用するため、これらの
者が負担すべきものであると認められるときは、その入会金に相当する
金額は、これらの者に対する給与（賞与）とされます。

②　個人会員として入会する場合

　個人会員として入会する場合、その入会金は、原則として、個人会員
である特定の役員や使用人に対する給与（賞与）とされます。

　ただし、（イ）無記名式の法人会員制度がないため個人会員として入
会し、（ロ）その入会金を法人が資産に計上した場合で、（ハ）その入会
が法人の業務の遂行上必要であるため法人の負担すべきものである場合
には、その資産計上を認めることとされています（法基通9 − 7 −11）。

（3）　法人がすでに所有しているゴルフ会員権（法人会員記名式）の会員名義書換料を単純損金として処理していたもの

　得意先の接待等のために法人がゴルフ会員権を取得する際に支出した

名義書換料は、取得のために要する費用としてその会員権の取得価額に含める必要があります。

　しかし、すでに法人が保有している会員権における会員の名義を書き換えるための費用は交際費等に該当します（法基通9 − 7 −13）。

　このような名義書換料は、ゴルフ場における接待等を継続するために必要とされる費用であり、プレー代の一部として支払われるものであるという考え方によるものです。

　なお、脱退や会員権の譲渡により損失が生じた場合には、その損失については、交際費等には該当しないものとされています（法基通9 − 7 − 12）。

（4）　ゴルフ会員権の時価が大幅に下落しているという理由で評価損を計上していたもの

　税務上、ゴルフ会員権は、金銭債権や有価証券ではなく、無形固定資産とされている水道施設利用権や電気通信施設利用権などと同様にゴルフ場の施設を利用できる権利（ゴルフ場施設利用権）すなわちプレー権であるとされています。そして、そのプレー権は、永久利用権としての性格を有しており、ゴルフ場でプレー可能である限りその利用権の価値は減少しないものとされています。

　そのため、水道施設利用権や電気通信施設利用権のように、税務上、償却が可能な無形減価償却資産としても列挙されていません。

　したがって、市場におけるゴルフ会員権の相場が、その取得価額より大幅に下落したとしても、まだプレーが可能である限り、プレー権の価値は減少しておらず、その会員権についての評価損の計上は認められないということになります。

（5）　レジャークラブの入会金を資産計上せず支出時の損金として処理していたもの

　レジャークラブ（宿泊施設、体育施設、遊技施設などを会員に利用させることを目的とするクラブ）の入会金についての取扱いは、原則として、ゴルフクラブの入会金の取扱いと同様とされています。

　すなわち、法人会員として入会する場合、その入会金は資産計上する必要があり、その償却は認められていません。また、特定の役員等が個人的に利用する場合はその者に対する給与となります。

　しかし、①その会員としての有効期間が定められており、かつ、②その脱退に際して入会金相当額の返還を受けることができない入会金については、その利用できる期間において費用化することが合理的であると考えられることから、繰延資産として計上し、償却することが認められています（法基通 9 - 7 -13の 2 ）。

（6）　社交団体の入会金や会費を交際費等として処理せずに単純損金処理していたもの

　税務上、社交団体（○○クラブ、○○会などの親睦団体）の入会金は他に譲渡できず、退会の際にも返還されない場合が多いため、法人会員として入会する場合のその入会金は支出の日の属する事業年度の交際費等とされます（法基通 9 - 7 -14）。

　また、個人会員として入会する場合、その会員である特定の役員又は使用人の給与とされます。

　ただし、法人会員制度がないため個人会員として入会した場合で、その入会が法人の業務の遂行上必要があると認められるときは、その入会金は支出の日の属する事業年度の交際費等とされます。

　次に、経常会費については、その入会金が交際費等に該当する場合に

は交際費等とし、その入会金が給与に該当する場合には会員たる特定の役員又は使用人の給与とされます。

　また、経常会費以外の費用については、その費用が法人の業務の遂行上必要があると認められる場合には交際費等とし、会員たる特定の役員又は使用人の負担すべきものであると認められる場合にはその役員又は使用人の給与とされます（法基通9－7－15）。

（7）　法人が支出したロータリークラブの会費を交際費等とせず単純損金としていたもの

　ロータリークラブやライオンズクラブは、産業別の法人の経営者や個人事業者が会員であり、その活動目的は社会連帯の高揚や社会奉仕とされていますが、一方において業界関係者である会員相互間の交流を深める会であるという側面もあるようです。

　したがって、その会費等については税務上、以下のように取り扱われています（法基通9－7－15の2）。

①　入会金又は経常会費については、その支出の日の属する事業年度の交際費等とされます。

②　それ以外に負担した金額については、その支出の目的に応じて寄附金又は交際費等とされます。ただし、会員たる特定の役員又は使用人の負担すべきものであると認められる場合には、その役員又は使用人の給与とされます。

（8）　法人が支出した同業者団体の加入金を繰延資産とせず単純損金としていたもの

　法人が同業者団体等への加入にあたり支出した加入金については、原則として、繰延資産として処理する必要があります（償却期間5年）（法

基通8－1－11、8－2－3）。

　これは、加入後、会員はその同業者団体等から、会員としてのさまざまなサービスの提供を受けることになるため、会員が支出した加入金の支出の効果は翌期以降にも及ぶという理由からです。

　ただし、会員としての地位が他に譲渡できる場合には、その地位を他に譲渡したり、脱退したりするまで資産として計上することが必要とされています。

　なお、通常会費（その構成員のために行う広報活動、調査研究、研修指導、福利厚生など、通常の業務運営のために経常的に要する費用の分担額）については、原則として、その支出をした事業年度の費用となります。

　ただし、同業者団体等の剰余金が不相当に多額に留保されている場合には、その剰余金が生じた時以後に支出する通常会費については、その剰余金が適正な額になるまでは前払費用として処理しなければなりません（法基通9－7－15の3⑴）。

（9）　会館建設のために創立された同業団体に係る特別会費（会館建設のためのもの）を支出時の損金として処理していたもの

　特定の目的のために同業団体等に支出する特別会費など次の費用の分担額は前払費用として処理し、その同業団体等がこれらを支出した日に、その費途に応じて繰延資産、交際費等、寄附金などとして取り扱うことになります（法基通9－7－15の3⑵）。

① 　会館その他特別な施設の取得又は改良⇒繰延資産
② 　会員相互の共済⇒貸付金など
③ 　会員相互又は業界の関係先等との懇親等⇒交際費等
④ 　政治献金その他の寄附⇒寄附金

Column10-1　ゴルフクラブの入会金・年会費等の取扱い

　法人がゴルフクラブに入会し、入会金や年会費等を支払った場合の取扱いはそれぞれ以下のようになります。

1　入会金等の取扱い

　入会金については、そのゴルフクラブに法人会員として入会するか、個人会員として入会するかにより、その取扱いが異なります。

（1）　法人会員として入会する場合

　法人会員として入会する場合、支払った入会金は資産として計上する必要があります。

　他からその会員権を購入して入会した場合には、その購入代価のほか名義書換料や購入手数料も資産計上する必要があります。

　ただし、記名式の法人会員で特定の役員や使用人が専ら法人の業務に関係なく利用するような場合には、その支出した入会金相当額はこれらの者に対する給与とされます。

　なお、入会金を資産に計上した場合、入会金につき評価損を計上することは、そのゴルフクラブでプレーが可能である限り認められません。

（2）　個人会員として入会する場合

　入会金は、原則として、その個人会員である特定の役員や使用人に対する給与とされます。

　ただし、①無記名式の法人会員制度がないため個人会員として入会し、②その入会金を法人が資産に計上した場合で、③その入会が法人の業務の遂行上必要であるため法人の負担すべきものであると認められる場合には給与として取り扱わないこととされています。

2　年会費等の取扱い

　次に、法人がゴルフクラブに支出する年会費、年決めロッカー料その他の費用については以下のように取り扱われます。

（1）　その入会金が資産として計上されている場合

　法人が支出する年会費等は交際費等とされます。なお、役員の変更等の

理由により、すでに取得した会員権の名義人を変更するための名義書換料も交際費等とされます。

（2）　その入会金が給与とされている場合

　年会費等は会員である特定の役員や使用人に対する給与とされます。

Column10-2
ゴルフ場が破綻した場合のゴルフ会員権の処理

　接待等のためにゴルフ場を利用する目的で、ゴルフ会員権を保有している企業が多く見られますが、昨今、ゴルフ場の経営が破綻して民事再生法等の適用を受ける場合などが多く見受けられ、その場合、ゴルフ会員権の預託金部分につき貸倒引当金や貸倒損失の対象にできるかということが税務上よく問題となります。

　現在、わが国のゴルフクラブのほとんどは、その入会時に預託金をそのゴルフクラブに納めるという預託金方式をとっています。預託金は一定の据置期間経過後、退会を条件に返還請求することができます。

　法人がゴルフクラブに入会した場合、その支払った預託金はゴルフ会員権として資産計上されることになります。このようなゴルフ会員権の法的な性格は、プレーを行うためにゴルフ場の施設を利用できる権利、すなわちゴルフ場施設利用権や金銭債権である預託金返還請求権等をその内容とするものであるとされています。

　しかし税務上は、ゴルフ場施設を利用できる間については、そのゴルフ会員権の性格は、金銭債権ではなく、ゴルフ場施設利用権を得るために拠出されたもの、すなわちプレー権という一種の無形の非減価償却資産であるとして取り扱われています。

（1）　破綻してもプレーが可能である場合

　ゴルフクラブが経営破綻により再建型の倒産処理手続きである民事再生法による再生手続開始の申立てが行われたとしても、その段階では、ゴルフ場の運営は継続中でありプレーが可能な状態ですので、プレー権はまだ存在しており、預託金返還請求権は生じていません。

　よって、そのゴルフ場においてプレーが可能である限り、その預託金の性格は金銭債権ではなく、プレー権であるとされますので、評価損の計上はもちろん、中小法人においては、預託金の50%相当額についての個別評価による貸倒引当金の繰入れも認められないということになります。

（2）　破綻によりプレーができない場合

　ゴルフ場に対する破産手続開始の決定等によりゴルフ場が閉鎖されプレーができない状態になった場合やゴルフクラブを脱退した場合には、預託金の性格がプレー権から金銭債権に転換されたとして、その預託金相当額については、貸倒損失及び中小法人においては、貸倒引当金の対象とすることができる余地が生じます（法基通9－7－12（注））。

（3）　預託金の一部が切り捨てられた場合

　再生手続開始の申立て後、再生計画が認可され、その再生計画に基づき預託金の一部が切り捨てられたような場合には、その切捨て部分については預託金の性格がプレー権から金銭債権に転換し、その金銭債権が回収不能になったものとして取り扱われます。

　よってその切捨て部分については、たとえ、そのゴルフ場でプレーが可能であったとしても貸倒損失として損金処理することが可能であると考えられます。

第11章

租税公課

租税公課における調査ポイント

① 損金算入が認められていない租税公課を損金としていないか
② 租税公課の損金算入時期は妥当か
③ 個人的に負担すべき租税公課等を法人が負担していないか

11-1 租税公課の目のつけどころ

 **租税公課の調査ポイントには、どのようなものがあり
ますか。また、調査はどのように進められますか。**

A 　租税公課の調査ポイント及び調査の進め方としては次
のようなものが考えられ、調査を受ける法人側もこれら
のポイントに対応した事前チェックが必要となります。

（1）　損金算入が認められていない租税公課を損金算入していないか

　税金や罰科金など、国や地方公共団体等に納める租税公課について
は、［図表11−1］のように、税務上損金算入が認められないものとそ
うでないものがあります（法法38）。

　税務調査においては、法人が納付した租税公課について、申告加算等
の申告調整が適正に行われているかどうかが検討されます。

［図表11−1］

損金算入が認められない租税公課	損金算入が認められる租税公課
法人税	法人事業税
都道府県民税	印紙税
市町村民税	利子税
各種加算税	登録免許税
延滞税	固定資産税
延滞金（納期限の延長に係るものを除く）	都市計画税
印紙税の過怠税	不動産取得税
罰科金	自動車税
交通反則金	自動車重量税
法人税から控除される所得税、復興特別所得税	
外国税額控除を選択した場合における控除対象外国法人税額	

（2）　租税公課の損金算入時期は妥当か

　損金算入が認められている租税公課の損金算入時期は、原則として〔図表11－2〕のようになり、その租税公課が申告納税方式、賦課課税方式、特別徴収方式のいずれであるかにより、その損金算入時期がそれぞれ異なります（法基通9－5－1）。

　税務調査においては、その損金算入時期の妥当性が、申告書、賦課決定通知書、更正又は決定通知書、納付書等より検討されます。

〔図表11－2〕

方　式	内　容	損金算入時期
申告納税方式	事業税 酒税 事業所税　等	・申告書が提出された日の属する事業年度 ・更正、決定のあった日の属する事業年度
賦課課税方式	固定資産税 不動産取得税 自動車税　等	・賦課決定のあった日の属する事業年度
特別徴収方式	ゴルフ場利用税 軽油引取税　等	・申告の日の属する事業年度 ・更正、決定のあった日の属する事業年度

（3）　個人的に負担すべき租税公課を法人が負担していないか

　調査官は、法人が計上した租税公課の内容を検討し、代表者等個人が本来負担すべき租税公課を法人が負担していないかどうかといった誤りについても検討します。特に、固定資産税、交通反則金、罰科金等にその誤りが多く見られるようです。

11-2 租税公課における否認事例及び誤りやすい事例

Q 租税公課における否認事例、誤りやすい事例にはどのようなものがありますか。

....

A よく見られる事例としては、以下に掲げるような交通反則金、罰科金、固定資産税に関連するものを中心に、さまざまなものがあります。ここでは、代表的な例を見てみましょう。

（1） 法人の業務と関連しない行為により役員等に課された交通反則金を法人の損金としていたもの

　法人が負担した交通反則金は損金不算入とされます。ただし、これは、商品配達中の交通違反など法人の業務と関連する行為により役員等に課されたものに限られ、法人の業務に関連しない行為等に対して課されたものについては、課されたその役員等に対する給与（賞与）として取り扱われます。

　なお、交通反則金の税務上の取扱いの詳細については、189頁の「Column11-1　交通反則金の取扱い」をご参照下さい。

（2） 印紙税における過怠税の一部しか損金不算入としていなかったもの

　損金不算入となる印紙税の過怠税の額は、納付しなかった印紙税額と納付しなかった印紙税額の10％（又は200％）相当額の合計額（すなわち印紙税額の1.1倍又は3倍）です。

　ところが、過怠税の範囲を誤り、納付しなかった印紙税額の10％（又

は200％）相当額のみが過怠税であるとして損金不算入額を計算する事例が見受けられますので、注意が必要です。

（3）　裁判手続を経て外国で課された罰科金等を損金算入していたもの

外国で課された加算税や罰科金等については、わが国の加算税と類似するものであっても損金算入が認められています。

その理由としては、必ずしもその内容が明らかでないことや、他国におけるペナルティの効果を損金処理により減殺させても国内における適正な申告を求めることへの妨げにはならないこと等が挙げられます。

ただし、外国やその地方公共団体が課する罰金や科料に相当するもので裁判手続（刑事訴訟手続）を経て課されたものや、いわゆる司法取引により支払われたものについては損金算入が認められないこととされています（法基通 9 － 5 －13）。

（4）　法人税の還付金に係る還付加算金を益金不算入としていたもの

法人税の還付金そのものは、納付した法人税が損金不算入であるのと対応して益金不算入とされています。

しかし、還付加算金は利息と同様の性格を持つものですから、益金不算入とはされません。

還付金と還付加算金は合計されて振込入金があるので、経理処理の際、還付通知書等により両者を区分しておく必要があります。

（5）　製造原価を構成しない事業所税につき申告がされていないにもかかわらず未払計上し損金処理していたもの

事業所税は、東京都や大阪市など一定の大規模な都市（政令指定都市等）において、法人や個人の行う事業に対し、その事業所の床面積や従

業員給与総額を課税標準として課される租税です。その主旨は、都市環境の整備に要する費用に充てるためとされています。

　事業所税は損金算入が認められる申告納税方式の租税であり、原則として、事業所税の申告書が提出された日を含む事業年度において損金算入が認められることになります。したがって、申告がなされていない事業所税について、未払計上することは認められません。

　ただし、事業所税のうち、工場に係るものなど、製造原価を構成する事業所税については例外的に、申告期限が未到来であっても、法人が損金経理により未払計上した金額についてはその処理を認めることとされています（法基通 9 − 5 − 1(1)イ）。

　これは、販売費及び一般管理費として計上される租税と異なり、製造原価に含まれる租税については、売上との対応を重視する必要があること、製造活動に係る事業所税を製造原価等に含めることは、広く一般に行われていることなどの理由によるものです。

（6）　不動産購入時に支払った「前所有者が負担した固定資産税の精算分」を損金処理していたもの

　固定資産税は、毎年 1 月 1 日現在の固定資産の所有者に対して賦課されます。したがって、年の途中で固定資産を取得した場合、前の所有者が負担した固定資産税のうち譲渡後の期間に対応する固定資産税相当額を、買主が負担するというケースがよく見受けられます。

　しかし、固定資産税は、あくまでも毎年 1 月 1 日現在の所有者に対し賦課決定されるものであり、年の途中で固定資産を取得した所有者には、納税義務は生じません。

　そこで、法人税においては、買主が負担した固定資産税相当額は、固定資産税そのものではなく、取得した固定資産につき、固定資産税を納

付することなく利用できる対価、すなわち、取得した固定資産の対価であるという考え方をしています。

　また、買主は固定資産税相当額を売主に支払わなければ、その固定資産を取得できない契約であるとすれば、固定資産税相当額の支出は、いわば、固定資産を取得するために要する費用であるという考え方もできます。

　したがって、固定資産税相当額を売買価額とは別に支払ったとしても、その固定資産税相当額は、固定資産の取得価額に含めなければならず、租税公課として損金処理はできないということになります。

　一方、売主側も、この固定資産税相当額は、売主が負担した固定資産税の控除額としてではなく、固定資産の譲渡対価に含めるべきものとして取り扱わなければならないということになります。したがって、消費税等においても、建物取得に係る固定資産税相当額については消費税等における課税取引に該当します。

（7）　社会保険料滞納により納付した延滞金を損金不算入としていたもの

　法人税法においては、損金不算入となる租税公課を限定列挙して定めています。具体的には、次頁の［図表11-3］に掲げる租税公課が損金不算入になるとされています（法法38）。

　社会保険料や労働保険料の滞納にかかる延滞金は、これら列挙されている租税公課には含まれていませんので損金算入となります。

[図表11−3]

	損金不算入となる租税公課
（1）	法人税（延滞税、加算税を含み退職年金等積立金に対する法人税を除く）
（2）	公益法人が納付する相続税、贈与税
（3）	法人税以外の国税に係る延滞税、加算税、印紙税の過怠税
（4）	都道府県民税、市町村民税（退職年金等積立金に対する法人税に係るものを除く）
（5）	地方税法の規定による延滞金（納期限の延長に係る分を除く）、過少申告加算金、不申告加算金、重加算金
（6）	罰金、科料、過料
（7）	国民生活安定緊急措置法の規定による課徴金、延滞金
（8）	独占禁止法、公正取引法の規定による課徴金、延滞金
（9）	第二次納税義務に係る納付税額
（10）	法人税額から控除、還付される所得税額、復興特別所得税額
（11）	外国税額控除を選択した場合における控除対象外国法人税額
（12）	地方消費税に係る延滞税、加算税

Column11-1	交通反則金の取扱い

1　罰科金の損金不算入

　法人が納める罰金、科料などの罰科金は、反社会的な行為に対する制裁的な意図をもって課されるものです。これらの罰科金について損金算入を認めてしまうと、その分法人の税負担が少なくなり、罰科金の効果が減殺されてしまいます。したがって、これらの罰科金については、税務上、損金の額に算入されないこととされています。

2　法人が負担した交通反則金の取扱い

　交通反則金は、本来、法人そのものに課されず、その法人の役員や使用人個人に対して課されるものです。

　そのような交通反則金などの罰科金等を法人が負担した場合の処理については、次のように定められています（法基通9-5-12）。

（1）　その罰科金等が法人の業務の遂行に関連してされた行為等に対して
　　　課されたものである場合

　個人的な費用ではなく、法人の費用として認められますが、損金の額には算入されません。

　これは、法人の業務に関連して発生した罰科金等を法人が負担するのは、一般的に法人の使用者責任に基づくものであり、そのような場合、法人に課された罰科金等と同様に取り扱うという趣旨によるものです。

（2）　その罰科金等が法人の業務に関連しない行為等に対して課されたも
　　　のである場合

　課された役員又は使用人に対する給与（賞与）として取り扱われます。

3　レッカー移動料等の徴収金の取扱い

　駐車違反などの交通違反に伴い納付するレッカー移動料、車両保管料等の徴収金は、車両の移動、保管等の実費を車両の運転者等に負担させるものです。これらの徴収金は、損金不算入とされる罰科金には含まれておらず、法人の業務の遂行に関連してされた行為に対して課されたものである場合には損金算入となります。

4 消費税等の取扱い

　最後に、消費税等の仕入税額控除についてですが、支払った交通反則金について仕入税額控除が認められないのはもちろん、レッカー移動料等の徴収金についても、往来の妨げとなる違法駐車車両を移動しなければならなかったことに対する一種の損害賠償であるという理由から、仕入税額控除が認められていません。

　その取扱いは、法人税より厳しくなっていますのでご注意下さい。

第12章

有価証券

有価証券における調査ポイント

① 簿外の有価証券はないか
② 有価証券の取得価額は妥当か
③ 有価証券の区分は適正になされているか
④ 有価証券1単位当たりの帳簿価額の算出は妥当か
⑤ 有価証券譲渡損益の計上時期は妥当か
⑥ 有価証券評価損について、その計上根拠や計上額は妥当か

12-1 有価証券勘定の目のつけどころ

 有価証券勘定の調査ポイントには、どのようなものがありますか。また、調査はどのように進められますか。

 有価証券勘定の調査ポイント及び調査の進め方として、次のようなものが考えられます。

（1）　簿外の有価証券はないか

　まず、簿外の有価証券が存在しないかということを、有価証券の現物確認、保護預り証書、株式発行会社の配当金支払調書等から検討します。

（2）　有価証券の取得価額は妥当か

　有価証券勘定については、その取得価額の計上は妥当か、有価証券の取得価額に含めるべき費用を損金として処理していないかということについても調査のポイントとなります。

　その取得価額の妥当性は、証券会社からの資料、支払手数料勘定などから調査します。

（3）　有価証券の区分は適正になされているか

　税務上、有価証券は、①売買目的有価証券、②満期保有目的等有価証券、③その他有価証券の3つに区分されます。

　その期末評価は、①は時価法により、②と③は原価法により評価を行うこととされています（法法61の3①）。

　調査の際は、法人がこのような区分を正しく行い、それぞれの区分に

応じた評価を行っているかどうかが検討されます（売買目的有価証券な
ど有価証券の3つの区分については、201頁の「Column12-1　有価証券
の区分」参照）。

（4）　有価証券1単位当たりの帳簿価額の算出は妥当か

　有価証券の1単位当たりの帳簿価額の算出の方法が、税務署に届けら
れた算出方法によっているか、また、期中の有価証券増減数量が有価証
券台帳等に正しく記帳され、有価証券1単位当たりの帳簿価額の計算が
正しく行われているかどうかが調査されます。

（5）　有価証券譲渡損益の計上時期は妥当か

　有価証券を譲渡した場合の譲渡損益は、その譲渡に係る契約（約定）
をした日の属する事業年度に計上する必要があります（法法61の2①）。
　税務調査においては、証券会社委託分については売買報告書、相対取
引については売買契約書等により、その契約（約定）日がいつかを調査
し、法人が計上した有価証券に係る譲渡損益の計上時期の妥当性が検討
されます。

（6）　有価証券評価損について、その計上根拠や計上額は妥当か

　有価証券の評価損は、その時価が著しく低下した等、一定の事実がな
ければ認められません（法令68①二）。
　法人が有価証券につき評価損を計上している場合、評価損計上の要件
を満たしているか、また満たしているとした場合、評価損の額の計上の
基礎となった時価の評価は妥当かということが調査の対象となります
（203頁の「Column12-2　上場有価証券の評価損」参照）。

12-2 否認を受けないための対応策

 有価証券勘定について否認を受けないための対応策を教えて下さい。

 有価証券勘定について否認を受けないための対応策としては、次のようなものが考えられます。

（1） 有価証券の取得価額の妥当性の検討

　有価証券を購入した際に証券会社が発行した株式購入に係る資料により、取引価額及び購入手数料等の購入のために要した費用がその取得価額に含まれているかどうかを確認します（法令119①一）。

　相対取引の場合は、購入に係るあっせん手数料、謝礼金等が取得価額に含まれているかどうかを確認します。

　なお、有価証券取得に係る名義書換料、通信費、外国有価証券の取得に際して徴収される有価証券取得税等は、有価証券の取得価額に含めないことができます（法基通 2 - 3 - 5）。

　また、公社債を購入した際に支払われる、直前の利払期から購入時までの経過利子相当額（端数利子）についても、取得価額に含めず前払金として経理しておき、利払期に受け取った利子と相殺することができます（法基通 2 - 3 -10）。

（2） 有価証券の区分の妥当性の検討

　有価証券が、①売買目的有価証券、②満期保有目的等有価証券、③その他有価証券の 3 つに適正に区分されているかを、その有価証券の保有目的により確認します。

　なお、有価証券を取得した際、帳簿書類に短期売買目的有価証券であ

る旨の表示をしてしまうと、税務上その有価証券は売買目的有価証券であるとされるため、毎期末に時価評価する必要が生じますので注意を要します（法基通2－3－27）。

（3）　1単位当たりの帳簿価額の算出方法の検討

　税務署に届け出た算出方法を確認するとともに（届出がない場合には移動平均法による）、その方法により適切に1単位当たりの帳簿価額が算出されているかを、取得価額、期中における取得数量、売却数量を把握した上で確認します。

（4）　有価証券売却損益の計上時期の妥当性の検討

　有価証券の譲渡に係る売買報告書、売買契約書等により、有価証券譲渡損益を計上すべき日を確認します。

　特に期末前後に計上された譲渡損益については注意が必要です。

（5）　有価証券評価損について、その計上時期、計上額の妥当性の検討

　有価証券につき評価損を計上する場合、その対象となる有価証券が上場株式であった場合には、①株式の時価が著しく（おおむね50％相当額）低下し、かつ、②将来においてその価額の回復が見込まれない状況であったということを説明できるように準備しておく必要があります。

　また、非上場株式の場合も、（イ）発行法人の資産状況が悪化し、（ロ）これに起因して有価証券の時価が著しく低下したという事実がなければ評価損計上は認められませんので、そのような事実が生じていたかどうかを確認しておく必要があります（上場有価証券の評価損に係る取扱いについては、203頁の「Column12-2　上場有価証券の評価損」参照）。

12-3 有価証券勘定における否認事例及び誤りやすい事例

 有価証券勘定における否認事例、誤りやすい事例には どのようなものがありますか。

 有価証券勘定における否認事例及び誤りやすい事例と しては、次のようなものがあります。

（1）　有価証券の譲渡契約（約定）を期末までに行っているにもかかわ らず、その有価証券の売却益を、その有価証券の引渡日である翌期 に計上していたもの

　　有価証券の譲渡損益の計上時期は、証券会社を通じて行うものも、相 対取引によるものも、企業会計と同じく、原則として売買等の契約（約 定）の成立した日に行うこととされています（法法61の2①）。

　　これは、有価証券受渡し不履行のリスクが極めて低いこと、時価の変 動リスクや発行者の財産状態等に基づく信用リスク等が約定日から買手 側に生じること等の理由によるものです。

（2）　クロス取引を行って含み損を実現させていたもの

　　利益調整等を目的として、保有している有価証券の含み損を実現させ るために、その有価証券を売却して譲渡損を計上し、その後、直ちに売 却先から売却した有価証券を買い戻すというクロス取引が行われる場合 があります。

　　このような、いわゆる有価証券のクロス取引を行って譲渡損を計上し たとしても、税務上、その取引はないものとして取り扱われますのでご 注意下さい（法基通2-1-23の4）。

　なお、クロス取引に係る税務処理の詳細については、205頁の「Column12-3　クロス取引に係る税務処理」をご参照下さい。

（3）　上場有価証券の時価が単に取得価額の2分の1に下落したというだけで、その有価証券につき評価損を計上していたもの

　上場有価証券について評価損の計上が認められる要件である、「有価証券の価額が著しく低下したこと」とは、

①　その有価証券の事業年度終了の時における価額が帳簿価額のおおむね50％相当額を下回ることとなり、かつ、

②　近い将来その価額の回復が見込まれないことをいいます（法基通9－1－7）。

　したがって、期末においてその時価が、単に取得価額の2分の1に下落したという理由だけでは評価損の計上は認められず、回復の可能性をも検討する必要があります。

　この、回復が見込まれないかどうかの判断は、過去の市場状況の推移、発行法人の業況等も踏まえて、その事業年度終了の時に行うこととされています。

　なお、上場有価証券に係る評価損に係る取扱いについては、203頁の「Column12-2　上場有価証券の評価損」をご参照下さい。

（4）　債務超過の状態を改善するために増資払込みを行った有価証券につき、その増資直後に評価損を計上していたもの

　債務超過の赤字会社に対して増資払込みを行った場合、その増資は、当面の業績の回復を期待して払込みが行われたものであるとされます。そのため、その有価証券に対する評価損の計上は認められていません（法基通9－1－12）。

　ただし、その増資から相当期間を経過した後（少なくとも１～２年を要すると考えられています。）に改めて業績が悪化したような場合には、評価損の計上が認められる余地が生じます。

（5）　企業支配株式における企業支配対価部分についても評価損を計上していたもの

　法人の有する企業支配株式等（その法人の発行済株式数の20％以上を保有している株式等をいいます。）の取得価額のうち、その株式の通常の価額を超えて取得した部分の金額、すなわち、企業支配の対価と認められる部分の金額については、その株式の保有を通じて企業支配の状態が存続している限り、その価値に変化はないものと考えられています。

　したがって、その部分についての評価損は認められませんのでご注意下さい（法基通９－１－15）。

（6）　有価証券につき低価法を適用し、評価損を計上していたもの

　上場有価証券について認められていた低価法による評価は、平成12年度税制改正により廃止されています。

　現在、有価証券の評価方法は、移動平均法又は総平均法による原価法しか認められていませんのでご注意下さい。

（7）　単に翌期に売却が予定されているというだけの理由で保有していた有価証券を売買目的有価証券であるとし、時価評価して評価損を計上していたもの

　有価証券はその保有目的により、

　①　売買目的有価証券

　②　満期保有目的等有価証券

③　その他有価証券

に区分されますが、そのうち、①については、期末に時価評価が必要と
されます。

　短期的な価格変動を利用して利益を得る目的で特定の取引勘定を設け
て、専門部署にいる取引専担者が日常的に売買を行うために取得した有
価証券（専担者売買有価証券）は「売買目的有価証券」に該当します
（法基通2‐3‐26）。

　しかし、単に翌期に売却が予定されているだけの有価証券は、毎期末
に時価評価が必要とされる「売買目的有価証券」には該当せず、このよ
うな有価証券につき期末に時価評価することは、原則として認められま
せん。

　なお、専担者売買有価証券の範囲については、201頁の「Column12-1
有価証券の区分」をご参照下さい。

（8）　以前から保有している有価証券の時価が下落したので、その有価
**　　　証券を売買目的有価証券に区分変更し、評価損を計上していたもの**

　専担者売買有価証券以外の有価証券で、取得の日において短期売買目
的で取得した有価証券である旨を帳簿書類に記載した有価証券（短期売
買有価証券）は売買目的有価証券に該当します（法基通2‐3‐27）。

　短期売買有価証券である旨の区分は、その有価証券を取得した日に区
分する必要があり、以前から保有している有価証券の時価が下落したの
で、取得後の事業年度においてその有価証券を売買目的有価証券に区分
変更し、評価損を計上するというような処理は認められません。

　なお、短期売買有価証券の範囲については、201頁の「Column12-1
有価証券の区分」をご参照下さい。

（9）　売買目的有価証券が企業支配株式等に該当することとなった場合に、その有価証券を時価により評価替えしていなかったもの

　有価証券につき次のような区分変更が行われた場合には、いったん変更前の区分の有価証券を時価（又は簿価）で譲渡し、区分変更後の有価証券を取得したとみなす処理（みなし譲渡）を行う必要があります（法令119の11）。

①　売買目的有価証券が企業支配株式等（満期保有目的等有価証券）に該当することとなった場合

　⇒　時価でその株式を譲渡し、満期保有目的等有価証券を取得したものとみなす

②　売買目的有価証券を保有している場合で、短期売買目的で有価証券の売買を行う業務の全部を廃止した場合

　⇒　時価でその有価証券を譲渡し、満期保有目的等有価証券又はその他有価証券を取得したものとみなす

③　企業支配株式等（満期保有目的等有価証券）が企業支配株式等に該当しなくなった場合

　⇒　簿価でその有価証券を譲渡し、売買目的有価証券又はその他有価証券を取得したものとみなす

④　その他有価証券が企業支配株式等に該当することとなった場合

　⇒　簿価でその株式を譲渡し、満期保有目的等有価証券を取得したものとみなす

⑤　法令の規定に従って、新たに短期売買業務を行うこととなったことに伴い、その他有価証券を短期売買業務に使用することとなった場合

　⇒　時価でその有価証券を譲渡し、売買目的有価証券を取得したものとみなす

Column12-1	有価証券の区分

　税務上、有価証券は、その保有目的により、**1** 売買目的有価証券、**2** 満期保有目的等有価証券、**3** その他有価証券に区分されます。

　また、その期末評価は、**1** は毎期、期末時価により有価証券の評価を行う（洗替え方式）こととされ、**2** と **3** は原価法により期末評価を行うこととされています。

1　売買目的有価証券とは

　時価により評価を行わなければならない「売買目的有価証券」とは、次のものをいいます（法令119の12）。

（1）　専担者売買有価証券

　これは、短期的な価格変動を利用して利益を得る目的で取引専担者が取得した有価証券をいいます。

　具体的には、①特定の取引勘定を設けてその有価証券の売買を行い、かつ、②トレーディング業務を日常的に行う人材から構成された独立の専門部署（関係会社を含みます。）により運用されているような有価証券をいいます。

　イメージとしては、銀行や保険会社などがトレーディング目的で保有するような有価証券がこれに該当します（法基通 2 － 3 －26）。

（2）　短期売買有価証券

　これは、（1）の専担者売買有価証券以外の有価証券で、取得の日において短期売買目的で取得した有価証券である旨を帳簿書類に記載した有価証券をいいます。

　具体的には、法人が、その有価証券を短期売買目的で取得した有価証券であると認識し、その有価証券の取得の日に、その旨を帳簿書類上で「売買目的有価証券」や「商品有価証券」などの勘定科目を用いて、他の有価証券と区分して記載した有価証券をいいます（法基通 2 － 3 －27）。

　したがって、短期的に売買したり大量に売買を行っている有価証券であっても、その時に、売買目的有価証券として区分が行われていない有価証券は短期売買有価証券に該当しないということになります（専担者売買

有価証券に該当するものを除きます。）。

（3）　一定の金銭信託の信託財産に属する有価証券ほか

　その他、一定の金銭信託の信託財産に属する有価証券、組織再編成により移転又は交付を受けた有価証券のうち、一定のものも売買目的有価証券とされます（法基通2－3－28）。

2　満期保有目的等有価証券

　「満期保有目的等有価証券」とは、次のものをいいます（法令119の2②）。

①　償還期限の定めのある有価証券でその取得の日に「満期保有目的有価証券」等の勘定科目により区分した有価証券

②　企業支配株式（その法人の発行済株式総数の20％以上を保有するものなど）

3　その他有価証券

　「その他有価証券」とは、売買目的有価証券、満期保有目的等有価証券以外の有価証券をいいます。

Column12-2 # 上場有価証券の評価損

1　評価損計上の要件

　上場有価証券等（取引所売買有価証券、店頭売買有価証券、取扱有価証券その他価格公表有価証券）について、その価額が著しく低下して帳簿価額を下回ることとなった場合で、法人が評価替えをして損金経理によりその帳簿価額を減額したときには、帳簿価額とその価額の差額までの金額を限度として評価損の損金算入が認められています。

　この場合における「時価が著しく低下」したこととは、①上場有価証券の事業年度末の価額がその時の帳簿価額のおおむね50％相当額を下回ることになり、かつ、②近い将来その価額の回復が見込まれないことをいうとされています（法基通9－1－7）。

2　回復可能性の判断基準

　この場合、どのような状況であれば、「近い将来その価額の回復が見込まれない」と言えるかが問題となりますが、その判断基準として、過去2年間にわたり株価が帳簿価額の50％相当額を下回る状況にあることが必要であるということも聞かれます。

　しかし、法人の側から、過去の市場価格の推移や市場環境の状況等を総合的に勘案した回復可能性に係る合理的な判断基準が示されれば、必ずしも、過去2年間にわたり50％程度以上下落していなければ損金算入が認められないということではありません。

　ただ、法人が独自に回復可能性に係る合理的な判断を行うことは困難な場合が考えられますので、その発行法人の株価等の見通しについて、証券アナリストなど専門性を有する客観的な第三者による見解があれば、これを合理的な判断の根拠のひとつとすることも考えられます。

　また、公開会社等においては、法人が策定した判断基準につき、利害関係者保護のために財務情報の信頼性確保の責務を有する独立の監査法人のチェックを受け、その基準に基づいて判断することも合理的であると思われます（H21.4 国税庁「上場有価証券の評価損に関するQ&A」Q2参照）。

3　損金経理要件

　評価損の損金算入は、確定した決算において損金経理することが前提となります。

　また、過去の事業年度においてすでに評価損を計上し、税務上自己否認しているもの（別表5（1）に残っているもの）については、すでに過去において評価損として損金経理が行われていること等の理由から、税務上の合理的な判断基準に該当することとなった事業年度において申告調整により損金の額に算入することができます。

Column12-3　クロス取引に係る税務処理

1　クロス取引とは

　クロス取引とは、同一の有価証券について、同一の価額で、同一の数だけ、売りと買いを同時に行うような取引をいいます。

　例えば、企業が、帳簿価額1株200円、時価1株150円の株式（含み損のある株式）1万株を保有している場合、その株式を時価である150万円で売却して50万円の譲渡損を計上させると同時に、同じ株式1万株を150万円で購入するような取引がこれにあたります。

　逆に、帳簿価額が1株150円、時価が1株200円の株式（含み益のある株式）1万株を200万円で売却して50万円の譲渡益を計上させると同時に、同じ株式1万株を200万円で購入するような取引もクロス取引にあたります。

　クロス取引は、決算対策上、長期保有する有価証券の含み損や含み益を損益として表面化させたい場合などに用いられますが、企業会計上、このようなクロス取引は、有価証券を売買したことにはあたらないものとされています。

2　クロス取引の税務上の取扱い

　税務においても、

（1）　同一の有価証券が売却の直後に購入された場合で、

（2）　その売却先から売却した有価証券の買戻しや再購入をする同時の契約があるとき（証券会社を通じて市場を通して行われるような場合も含まれます。）は、売却した有価証券のうち買戻し又は再購入した部分の有価証券の売却はなかったものとして取り扱われます（法基通2－1－23の4）。

　したがって、税務上、このような取引により譲渡損を計上している場合は申告加算（留保）、譲渡益を計上している場合は申告減算（留保）する必要があります（ただし、売買目的有価証券の売却については除かれています。）。

　なお、「同時の契約」がない場合でも、

（1） これらの取引があらかじめ予定されたものであり、かつ、

（2） 売却価額と購入価額が同一となるように売買価額が設定されていたり、売却代金の決済日と購入代金の決済日との間の金利調整のみを行った価額となるように取引金額が設定されている場合は、「同時の契約」があったものとされます。

　また、先に有価証券を購入し、直後に売却が行われた場合でも、同様の実態にあるものは、取引がなかったものとして取り扱われます。

3　クロス取引に伴い支出した費用

　クロス取引は税務上、有価証券の売買がなかったものとされるため、それに伴い支出された委託手数料などの費用は、その有価証券の取得価額に含めず損金処理することになります。

第13章

固定資産

固定資産における調査ポイント

① 固定資産の取得価額は適正か
② 耐用年数、償却方法は妥当か
③ 非減価償却資産等について減価償却を行っていないか
④ 固定資産売却損益に係る処理は妥当か
⑤ グループ法人や同族関係者との固定資産売買取引において、その取引価額は妥当か
⑥ 除却損の計上時期は妥当か

13-1 固定資産関係の目のつけどころ

　　固定資産関係についての調査ポイントには、どのようなものがありますか。

　　調査ポイントとしては、次のようなものが挙げられます。

（1）　固定資産の取得価額は適正か

　固定資産の取得価額の決定は、その後の減価償却計算の基礎となるべきものです。

　また、固定資産の取得価額に含めるべき費用を支出時に損金としてしまうと、資産取得事業年度の所得計算に直接影響が及ぶことになります。

　したがって、固定資産を取得した事業年度においては、必ずといっていいほど、計上された取得価額の適正性が検討されます。

（2）　耐用年数、償却方法は妥当か

　減価償却においては、法人の恣意性を排除するため、その耐用年数、残存価額、償却可能限度額、償却方法などの規定が詳細に定められています。

　これらの規定に従って、減価償却計算が適正に行われているかどうかが検討されます。

（3）　非減価償却資産等について減価償却を行っていないか

　高額な美術品や電話加入権などの非減価償却資産、事業の用に供され

ていない資産や稼働休止資産については、減価償却が認められません。これらの資産につき、減価償却が行われていないかどうかについて検討が行われます。

　また、架空の減価償却資産を計上して架空の減価償却費を計上していないかというような不正計算の有無についても、当然、検討が行われます。

（4）　固定資産売却損益に係る処理は妥当か

　期中に固定資産を売却している場合、その売却損益について、計上時期の妥当性が検討されます。また、譲渡価額及び譲渡原価が適正かということについても検討が行われます。

（5）　グループ法人、同族関係者間における固定資産売買取引価額は適正か

　グループ法人や同族関係者との間で固定資産が売買されている場合には、第三者との取引以上に取引価額の妥当性が検討されます。

　検討の結果、低廉譲渡や高価買入が行われていることが判明すると、寄附金課税や認定賞与等の問題が生じることとなりますし、低廉取得の場合には受贈益計上の問題が生じることになります。

　なお、いわゆるグループ法人税制により、100％子会社に対する譲渡等、完全支配関係のある法人間における資産（土地以外の棚卸資産や取得価額1,000万円未満の資産等を除きます。）の譲渡損益については、その資産を譲渡先が譲渡等を行うまでその損益を繰り延べるという措置が講じられています（法法61の11①）。

（6）　除却損の計上時期は妥当か

　法人が計上した除却損については、その計上時期、計上金額は妥当かどうかが検討されます。また、有姿除却により除却損が計上されている場合には、今後通常の方法により事業の用に供される可能性がないかどうかについても検討が行われます。

13-2 固定資産関係の調査方法

 固定資産関係につき、調査官はどのように調査を進めるのでしょうか。

 おおむね次のような点を中心に調査を進めていくものと思われます。

（1）　固定資産取得に係る関係書類等の検討

固定資産の取得価額の妥当性を確かめるため、契約書、見積書、請求書、納品書等を検討します。

また、土地付建物やマンション等を取得している場合には、土地と建物の区分計算が妥当かどうかにつき、法人が行った区分計算の算定根拠を聴取するとともに、売買契約書、建物部分に係る消費税等の額、土地・建物それぞれの時価等から検討を行います。

さらに、支払手数料、運送費、租税公課、雑費勘定等より、取得価額に算入すべき付随費用等が取得価額から漏れていないかどうか検討を行います。

（2）　耐用年数、償却方法の妥当性の検討

法人が適用している耐用年数の適否については、耐用年数省令における耐用年数表（耐用年数省令「別表一」、「別表二」など）をもとに、場合によっては、現物確認、固定資産管理責任者等に質問するなどして検討を行います。

償却方法の妥当性については、届け出された償却方法により償却を行っているかどうか、税務上認められている償却方法以外の償却方法を

適用していないかどうかを、償却方法の届出書等より検討します。

　また、期中に減価償却資産を取得した場合や、事業年度の変更等により事業年度が12か月未満となった場合、償却方法を変更した場合などにおいて、償却限度額の計算が妥当かどうかを固定資産台帳等より検討します。

（3）　償却開始時期の妥当性の検討

　減価償却資産については、その資産を事業の用に供した日から償却が可能となりますので、その減価償却資産が事業の用に供した日がいつかということを、契約書、納品書、検収書、運転日報、その資産により製造された製品等の流れ、資産取得代金の決済状況、現場担当者に対する質問等により確認します。

（4）　少額減価償却資産に対する検討

　取得した減価償却資産が取得価額10万円未満（中小企業者等の場合は30万円未満）の少額減価償却資産あるいは取得価額20万円未満の一括償却資産に該当するか否かは、通常１単位として取引される単位の価額で判定されます。

　少額な減価償却資産に該当するか否かを、請求書や見積書、実際の使用状況の確認等により検討を行います。

　なお、少額な減価償却資産に係る取扱いについては、228頁の「Column13-3　少額な減価償却資産を取得した場合等の取扱い」をご参照下さい。

（5）　特別償却制度適用の適否についての検討

　減価償却資産につき租税特別措置法による特別償却を実施している場

合には、適用対象法人、対象資産、適用期間等が措置法の規定に抵触していないかを検討します。

（6） 除却損計上時期、計上額の妥当性の検討

　除却損計上時期の妥当性については、実際に除却された時期がいつであるかを確認するため、稟議書、取壊費用や廃棄運賃に係る請求書・領収書、廃棄業者の証明書、スクラップ売却代金に係る領収書控え等から検討を行います。場合によっては、廃棄された資産が存在した場所の現場を確認したり、現場担当者に対して廃棄の時の状況を質問するようなことも行われます。

　また、有姿除却が行われている場合には、除却損計上後のその資産の状況を確認するとともに、その計上額について、除却資産の帳簿価額からその資産の処分見込価額を控除して計上されているかどうかについても検討されます。

13-3 否認を受けないための対応策

 固定資産関係について否認を受けないための対応策について教えて下さい。

 固定資産関係について否認を受けないための対応策としては、次のようなものが考えられます。

（1）　取得価額に含まれる費用の確認

　減価償却資産の取得価額には、原則としてその資産の購入代価のみではなく、購入に伴って発生する付随費用及びその資産を事業の用に供するための費用も含まれます（法令54①）。

　したがって、減価償却資産の取得価額の中に引取運賃、荷役費、運送保険料、購入手数料、関税、据付費、試運転費などが含まれているかどうかを確認する必要があります。

　また、固定資産購入に係る借入金利子、不動産取得税、特別土地保有税、新増設に係る事業所税、登録免許税、登記費用、建設計画変更により不要となった調査、測量、設計、基礎工事等の費用などについては、その費用を固定資産の取得価額に含めるか否かは法人の任意であるとされています（法基通7－3－1の2、7－3－3の2）。ただし、いったんこれらの費用を固定資産の取得価額に含めた場合、翌期以降の事業年度で、改めてこれらの額を抜き出して損金処理するというような処理は認められませんのでご注意下さい。

（2）　償却開始時期の確認

　減価償却費の計上は、その資産が事業の用に供された日以降可能とな

ります（法令59）。

　したがって、新規に取得した減価償却資産が、いつから事業の用に供されたかを明らかにし得る書類等を用意しておく必要があります。

　具体的には、例えば、機械装置であれば作業日報・運転日報、工具であれば受払簿、賃貸用マンションであれば入居者募集のチラシなどが挙げられます。

（3）　耐用年数、償却方法の妥当性の確認

　償却計算において各減価償却資産に用いている耐用年数については耐用年数省令における耐用年数表によっているか、中古資産の場合その耐用年数の算定は妥当かということを固定資産台帳等により確認する必要があります（詳細は230頁の「Column13-4　中古資産の耐用年数」参照）。

　また、償却方法についても、税務署に届け出た償却方法によっているか、その減価償却資産について認められない償却方法によっていないかどうかということを、確認しておく必要があります。

（4）　除却時期を証明できる資料等の把握

　除却損の計上は、原則として、事業年度内にその資産を現実に除却をしなければ認められません。

　したがって、除却損の計上にあたっては、その資産の除却が事業年度内に行われたことを証明するために、廃棄業者等から、業者の証明書、廃棄費用支払に係る請求書・領収書、マニフェストなどを徴しておくとともに、実際に除却した際の様子を日付入りの写真に撮り保管しておくことなどが必要となります。

　また、有姿除却（法基通7－7－2）を行った際は、その資産の使用を

廃止しており、今後通常の方法により事業の用に供する可能性がないということが明らかになる資料（機械運転日報、稟議書、有姿除却後の写真など）を備えておく必要があります。

13-4 固定資産関係における否認事例及び誤りやすい事例

 固定資産関係においては、どのような否認事例及び誤りやすい事例があるのでしょうか。

 固定資産関係における否認事例及び誤りやすい事例としては、次のようなものがあります。

（1）　非減価償却資産に該当する美術品等につき減価償却を行っていたもの

以下のような美術品等は非減価償却資産に該当し減価償却が認められませんので注意が必要です（法基通7－1－1）。

①　古美術品、古文書、出土品、遺物などのように歴史的価値や希少価値を有し代替性がないもの

②　①以外の美術品等で、取得価額が1点100万円以上であるもの（時の経過によりその価値が減少することが明らかなものを除きます。）

③　取得価額が100万円未満の美術品のうち高価な素材が大部分を占める小型の工芸品のように時の経過によりその価値が減少しないことが明らかなもの

なお、非減価償却資産に該当する美術品等の範囲等については、223頁の「Column13-1　美術品等についての減価償却」をご参照下さい。）。

（2）　事業の用に供されていない資産や稼働休止資産について減価償却を行っていたもの

事業の用に供されていない減価償却資産については減価償却費の計上が認められていません。また、同様に稼働休止資産についても減価償却

費の計上は原則として認められません。

　ただし、その稼働休止資産について必要なメンテナンス（維持補修）がなされており、いつでも稼働できる状態にあるような場合には、減価償却費の計上が認められています（法基通7－1－3）。

（3）　年の途中で取得した不動産に係る固定資産税相当額の精算額を、租税公課として処理していたもの

　年の途中で不動産を取得した場合、前の所有者が負担した固定資産税のうち、譲渡後の期間に対応する固定資産税相当額を買主が負担し（売主に支払い）、その負担額を固定資産税として損金処理するというケースがよく見受けられます。

　しかし、固定資産税は、あくまでも1月1日現在の所有者に対し賦課決定されるものであり、年の途中で固定資産を取得した所有者には、納税義務は生じません。そのため、買主が負担した固定資産税相当額は、税務上、固定資産税そのものではなく、取得した固定資産につき、買主が固定資産税を納付することなく利用できる対価、すなわち、取得した固定資産の対価の一部であるという考え方をとっています。

　したがって、売買価額とは別に固定資産税相当額を支払ったとしても、その固定資産税相当額は、固定資産の取得価額に含めなければならず、固定資産税（租税公課）として損金処理することはできません。

（4）　建物付土地を取得し1年以内に建物を取り壊した場合、その建物の取得価額及び取壊費用を損金処理していたもの

　通常、法人が建物を取り壊した場合、その建物の帳簿価額及び取壊費用については、その建物を取り壊した事業年度の損金として処理することが可能です。

　しかし、建物付土地を取得し、その取得後おおむね1年以内にその建物の取壊しに着手するなど、「当初からその建物を取り壊して土地を利用する目的でその物件を取得したこと」が明らかであると認められる場合には、取り壊した建物の帳簿価額及び取壊費用は、その土地の取得価額に含めなければなりません（法基通7－3－6）。

（5）　自社製作のソフトウエアについて資産計上を行っていなかったもの

　ソフトウエアは無形減価償却資産に該当するため、自社開発のソフトウエアを製作するために要した原材料費、労務費、経費及びそのソフトウエアを事業の用に供するために要した費用は、そのソフトウエアの取得価額に含めることとなります。

　なお、その取得価額は適正な原価計算に基づき算定することになりますが、原価の集計、配賦等につき合理的であると認められる方法により継続して計算している場合には、これを認めることとされています（法令54①、法基通7－3－15の2）。

（6）　建物の建設に伴って支出を予定している住民対策費、公害補償費等の費用の額をその建物の取得価額に含めていなかったもの

　新工場の落成、操業開始等に伴って支出する記念費用等のように減価償却資産の取得後に生ずる付随費用の額は、当該減価償却資産の取得価額に算入しないことができますが、工場、ビル、マンション等の建設に伴って支出する住民対策費、公害補償費等の費用（法基通7－3－11の2⑵及び⑶に該当するものを除きます。）の額で当初からその支出を予定しているもの（毎年支出することとなる補償金を除きます。）は、たとえその支出が建設後に行われるものであっても、当該減価償却資産の取得価額に含める必要があります（法基通7－3－7）。

（7） 最近取得した建物、建物附属設備、構築物について定率法により償却計算を行っていたもの

　平成10年4月1日以後に取得した建物、平成28年4月1日以後に取得した建物附属設備、構築物の減価償却方法については、定額法しか認められていません（法令48①一）。

（8） 取得価額10万円未満の電話加入権を取得した際、少額であるという理由でその取得価額全額を損金処理していたもの

　土地、電話加入権、美術品等のように、減価償却が認められていない資産については、たとえその資産の取得価額が少額であったとしても、減価償却資産において認められている少額な減価償却資産に係る取扱い（少額減価償却資産、一括償却資産、中小企業者等が取得する取得価額30万円未満の少額減価償却資産）は適用できません。

　ただし、美術品等で取得価額が1点100万円未満であるもの（高価な素材が大部分を占める小型の工芸品のように時の経過によりその価値が減少しないことが明らかなものを除きます。）については減価償却資産として取り扱うことができ、少額な減価償却資産に係る取扱いが適用可能であるとされています（法基通7－1－1）。

（9） 一括償却資産につき除却損を計上していたもの

　取得価額が20万円未満の減価償却資産（少額減価償却資産に対する規定の適用を受ける資産を除きます。）を取得し、事業の用に供した場合には、それらの減価償却資産の全部又は一部を一括したもの（一括償却資産）の取得価額の合計額の3分の1ずつを、事業の用に供した事業年度から3年間にわたって損金処理することができます（法令133の2）。

　一括償却資産の損金算入限度額は、その事業年度中に事業の用に供さ

れた一括償却資産の合計額をもとに計算されるものであって、個々の資産ごとにそれぞれの限度額を算出するものではありません。

　また、その後の事業年度において、その資産を除却したり売却したとしても、その時点で、未償却残高を全額損金とせず、資産の有無にかかわらず、毎期3分の1ずつの損金処理を続けていく必要があります（法基通7－1－13）。

(10)　中小企業者等が、取得価額が30万円未満の減価償却資産につき、その取得価額全額を損金算入しているにもかかわらず、確定申告書に別表16(7)「少額減価償却資産の取得価額の損金算入の特例に関する明細書」を添付していなかったもの

　中小企業者等（従業員が500人以下の法人に限られます。また、前3事業年度における所得金額の年平均額が15億円超の法人は除かれます。）が取得価額30万円未満の減価償却資産を取得し事業の用に供した場合には、その取得価額全額の損金算入が認められます（ただし、年300万円までの上限あり）が、そのためには確定申告書に、別表16(7)「少額減価償却資産の取得価額の損金算入の特例に関する明細書」を添付することが要件とされていますので注意が必要です（措法67の5）。

(11)　令和4年4月1日以後に取得された貸付けの用に供される少額な減価償却資産につき即時償却等を行っていたもの

　令和4年度の税制改正により、少額減価償却資産（取得価額10万円未満の少額減価償却資産、一括償却資産、中小企業者等が取得する取得価額30万円未満の少額減価償却資産）のうち、貸付け（主要な事業として行われるものを除きます。）の用に供されているものについては即時償却等の特例が認められなくなりました（令和4年4月1日以後取得され

た資産より)。

Column13-1　美術品等についての減価償却

1　非減価償却資産に該当する美術品等

　税務上、時の経過によりその価値が減少しない資産については減価償却することは認められません（非減価償却資産）が、美術品等については次のようなものが非減価償却資産に該当するものとされています（法基通7－1－1）。

（1）古美術品、古文書、出土品、遺物などのように歴史的価値や希少価値を有し、代替性がないもの

（2）（1）以外の美術品等で、取得価額が1点100万円以上であるもの（時の経過によりその価値が減少することが明らかなものを除きます。）

　なお、（2）にいう「時の経過によりその価値が減少することが明らかなもの」として、例えば、次に掲げる事項のすべてを満たす美術品等があります。

　①　会館のロビーや葬祭場のホールのような不特定多数の者が利用する場所の装飾用や展示用（有料で公開するものを除きます。）として法人により取得されるものであること。

　②　移設することが困難で当該用途にのみ使用されることが明らかなものであること。

　③　他の用途に転用すると仮定した場合に、その設置状況や使用状況から見て美術品等としての市場価値が見込まれないものであること。

2　取得価額が100万円未満の美術品等

　取得価額が1点100万円未満であるもの（時の経過によりその価値が減少しないことが明らかなものを除きます。）については減価償却資産として取り扱うこととされています。

　なお、「時の経過によりその価値が減少しないことが明らかなもの」とは、例えば高価な素材が大部分を占める小型の工芸品のように素材の経済的価値が取得価額の大部分を占めるようなものがこれに該当します。

3 減価償却資産として取り扱われた美術品の耐用年数

　減価償却資産として取り扱われた美術品の耐用年数は以下のようになります。

（1） 絵画、陶磁器、彫刻（主として金属製のものを除きます。）：8年〔「器具及び備品」、「家具、電気機器、ガス機器及び家庭用品」、「室内装飾品」、「その他のもの」〕

（2） 金属製の彫刻：15年〔「室内装飾品」、「主として金属製のもの」〕

Column13-2　　　　**減価償却費の損金経理**

1　減価償却費の損金算入

　法人が減価償却を行う場合、償却費として損金の額に算入される金額は、その事業年度において「償却費として損金経理をした金額」のうち、税務上の償却限度額までの金額とされています（法法31①）。

　また、「償却費として損金経理をした金額」とは、法人がその確定した決算において「償却費」という科目名を用いて費用又は損失として経理した金額をいいます。

2　減価償却費の損金経理

　減価償却費は、売上や仕入のように外部との取引により計上されるものではなく、法人の内部的な意思により計上されるものです。

　そこで、税務上、このような費用を損金とするには、法人が、会計帳簿に償却費という勘定科目を用いて費用又は損失として計上し、その会計帳簿をもとに作成された計算書類を株主総会で株主が承認して確定させるという形、すなわち損金経理により法人の意思を明らかにする必要があります。

3　減価償却費の損金算入限度額

　減価償却費は内部的な会社の意思により計上されるため、その計上にあたり恣意性が入りやすいものです。

　そこで、それを排除するため、税務上、減価償却費につき一定の損金算入限度額が設けられています。

　減価償却費の損金算入限度額は、税務上定められた、その資産に係る取得価額、残存価額、耐用年数及びその耐用年数に係る償却率、償却方法により法人の恣意性が入らないよう客観的に定められています。

4　「償却費として損金経理をした金額」に含まれるもの

　減価償却費の計算において「償却費」以外の科目名を用いて経理している場合には、厳密には税務上これを減価償却したものとして損金処理する

ことは認められないということになります。

　しかし、これでは例えば税務調査において、減価償却資産として計上すべき支出を償却費以外の費用等で処理していたことが明らかになった場合、否認額の計算において、その償却費相当額の認容計算が認められなくなるなど、実情に即さない場合が生じてしまいます。

　そこで、次の（1）から（8）のような金額についても、「償却費として損金経理をした金額」に含まれるものとされています（法基通7－5－1、法令131の2③）。

（1）　減価償却資産の取得価額に算入すべき付随費用のうち原価外処理した金額

（2）　圧縮限度額を超えてその帳簿価額を減額した場合のその超える金額

（3）　修繕費として経理した金額のうち、資本的支出に該当するものとして損金の額に算入されなかった金額

（4）　無償又は低い価額で取得した減価償却資産の取得価額が、税務上計上すべき取得価額に満たない場合のその満たない金額

（5）　減価償却資産について計上した除却損、評価損の金額のうち損金の額に算入されなかった金額

　　（注）評価損の金額には、法人が計上した減損損失の金額も含まれます。

（6）　少額な減価償却資産（おおむね60万円以下）又は耐用年数が3年以下の減価償却資産の取得価額を消耗品費等として損金経理をした場合のその損金経理をした金額

（7）　ソフトウエアの取得価額に算入すべき金額を研究開発費として損金経理した場合のその損金経理をした金額

（8）　売買取引又は金融取引とされるリース取引に係るリース資産について賃借人又は譲渡人が賃借料として損金経理した金額

　なお、（1）の付随費用に係る取扱いは、取得価額に算入すべき付随費用に対するものであり、購入代価そのものを原価外処理した金額は対象とされていませんので注意が必要です。

　この取扱いにより、例えば、税務調査により修繕費として計上した費用を資本的支出であるとして否認を受けた場合、法人が計上した修繕費の額は「償却費として損金経理をした金額」として取り扱われますので、その

否認額は、修繕費の額そのものではなく、修繕費の額から当期の償却限度額を差し引いた額（償却超過額）となります。

5　その他損金経理が必要とされているもの

減価償却費のように、損金とするのに損金経理が必要とされるものとしては、次のようなものがあります。

（1）　引当金の計上
（2）　貸倒損失の計上（法的に債権が消滅した場合を除きます。）
（3）　使用人兼務役員の使用人部分賞与の計上
（4）　少額減価償却資産の一括損金計上
（5）　資産に係る控除対象外消費税の一括損金計上

いずれも、法人が損金処理するにつき、法人の内部的な意思を損金経理という形で明らかにしなければならない性質のものです。

Column13-3
少額な減価償却資産を取得した場合等の取扱い

　少額な減価償却資産を取得した場合、費用計算の合理化や事務負担に対する配慮から、その資産の取得時等において支出額全額の損金処理が認められていますが、その資産の金額によりその取扱いが異なっていますので注意が必要です。

1　取得価額が10万円未満の減価償却資産を取得した場合

　取得価額が10万円未満（あるいは、その使用可能期間が1年未満）の減価償却資産を取得した場合には、その資産を事業の用に供した事業年度にその取得価額の全額を損金の額に算入することができます（法令133）。

2　取得価額が20万円未満の減価償却資産を取得した場合

　取得価額が20万円未満の減価償却資産（1の規定の適用を受けた資産を除きます。）を取得した場合には、それらの減価償却資産の全部又は一部を一括したもの（一括償却資産）の取得価額の合計額の3分の1ずつを、事業の用に供した事業年度から3年間にわたって損金処理することができます（法令133の2）。

　なお、取得後の事業年度において、その資産を除却したり売却したとしても、その時点で未償却残高を全額損金処理することはできず、その後も毎事業年度3分の1の償却計算を続けていく必要があります。

3　中小企業者等が取得価額30万円未満の減価償却資産を取得した場合

　中小企業者等が取得価額30万円未満の減価償却資産（1又は2の規定の適用を受けた資産を除きます。）を取得し事業の用に供した場合には、その取得価額全額の損金算入が認められます（措法67の5①）。

　ただし、取得価額の合計額について年300万円までの上限が設けられています。

　なお、中小企業者等とは、資本金1億円以下の法人等（資本金1億円超の法人など大規模法人の子会社等を除きます。）をいいます。

　また、中小企業者等に該当しても、従業員が500人超の法人、前3事業

年度における所得金額の年平均額が15億円超である法人については、この制度の適用は認められません。

4　貸付けの用に供される少額な減価償却資産についての特例

　令和4年度の税制改正により、1から3の少額減価償却資産（取得価額10万円未満の少額減価償却資産、一括償却資産、中小企業者等が取得する取得価額30万円未満の少額減価償却資産）のうち、貸付け（主要な事業として行われるものを除きます。）の用に供されているものについては、このような少額な減価償却資産についての特例が認められなくなりましたので注意する必要があります（令和4年4月1日以後取得された資産より）。

Column13-4　中古資産の耐用年数

1　中古資産を取得した場合の耐用年数

　中古の減価償却資産を取得した場合も、新品の資産を取得した場合と同様、その資産の法定耐用年数により減価償却を行うことが原則です。

2　見積法と簡便法

　しかし、それでは実情にそぐわないため、中古資産の使用可能期間を合理的に見積もり、その見積もった年数（残存耐用年数）をその資産の耐用年数とする方法が認められています（見積法）（耐令3①）。

　また、その使用可能期間の見積りが技術的や経済的に困難なものについては、次の算式により算定した年数をその資産の残存耐用年数とする方法も認められています（簡便法）。

　①　法定耐用年数の全部を経過した資産

　残存耐用年数＝法定耐用年数×20%

　②　法定耐用年数の一部を経過した資産

　残存耐用年数＝（法定耐用年数－経過年数）＋（経過年数×20%）

　（注）　上式の年数は、暦に従って計算し、1年未満の端数は切り捨てます。また、上式により算定した年数が2年未満である場合には2年とします。

〔例〕建築後8年の中古建物（法定耐用年数30年）を取得した場合の簡便法による耐用年数の算定

　（30年－8年）＋（8年×0.2）＝23.6年⇒23年（端数切捨て）

3　耐用年数の見積りの制限

（1）　法定耐用年数によらなければならない場合

　中古資産を取得し事業の用に供する際、その資産の再取得価額（新品として取得する場合の価額）の50%を超える資本的支出を行った場合には、見積りは認められず、法定耐用年数により減価償却を行うことになります（耐通1－5－2）。

（2）　簡便法の適用が可能な資産

　簡便法による見積りが可能な資産は、次の資産に限られています。

　①　有形減価償却資産（建物、建物附属設備、構築物、車両運搬具、工具器具備品、機械装置など）

　②　公害防止用減価償却資産

　③　開発研究用減価償却資産

　したがって、ソフトウエア・工業所有権などの無形減価償却資産（上記の③に該当する開発研究用のソフトウエアを除きます。）や生物については、簡便法による見積りは認められていません。

4　その他の注意点

　中古資産の耐用年数を用いるか否かは、その減価償却資産を事業の用に供した事業年度において決定する必要があります。

　したがって、中古資産を取得した当初、法定耐用年数で減価償却を行っているにもかかわらず、その後の事業年度において見積法や簡便法による耐用年数で減価償却を行うということは認められませんので注意が必要です（耐通1－5－1）。

| Column13-5 | 固定資産の除却損 |

1　除却損の損金算入

　不要となった固定資産を解体撤去や廃棄等により除却した場合には、その除却を行った事業年度において次の算式による金額を除却損として計上することが認められています。

・(除却した資産の帳簿価額)＋(除却のために要した費用の額)－(除却により生じた廃材等の処分価額)

2　有姿除却

　除却損の計上は、原則として、その資産を現実に除却をしなければ認められませんが、現実に除却をしていない場合であっても、すでに、その寿命や使用価値が尽きていることが明確な固定資産については、現状のまま、その資産の帳簿価額から処分見込額を控除した金額を除却損として損金の額に算入することが可能です。

　これを、有姿除却といい、具体的には次のような固定資産について認められています（法基通７－７－２）。

（１）　その使用を廃止し、今後通常の方法により事業の用に供する可能性がないと認められる固定資産

（２）　特定の製品の生産のために専用されていた金型等で、その製品の生産を中止したことにより将来使用される可能性のほとんどないことがその後の状況等からみて明らかなもの

3　ソフトウエアの除却

　ソフトウエアについても、その資産の性質上、その利用を廃止した場合でも物理的な除却が常に行われるとは限らないため、物理的な除却がない場合であっても、今後事業の用に供しないことが明らかな次のような事実があるときには、そのソフトウエアの帳簿価額から処分見込価額を控除した金額を除却損として損金の額に算入することが可能です（法基通７－７－２の２）。

（1）　自社利用のソフトウエア

　①　そのソフトウエアによるデータ処理の対象となる業務が廃止され、そのソフトウエアを利用しなくなったことが明らかな場合

　②　ハードウエアやオペレーティングシステムの変更等によって他のソフトウエアを利用することになり、従来のソフトウエアを利用しなくなったことが明らかな場合

（2）　複写して販売するための原本となるソフトウエア

　新製品の出現、バージョンアップ等により、今後、そのソフトウエアの販売を行わないことが社内稟議書、販売流通業者への通知文書等で明らかな場合

第14章

ソフトウエア

ソフトウエアにおける調査ポイント

① ソフトウエアとして資産計上すべき費用を損金算入していないか
② ソフトウエアの減価償却において、その償却期間は適正か
③ ソフトウエアにつき修繕費を計上した場合、資本的支出に該当する部分はないか
④ ソフトウエアの償却開始時期は適正か
⑤ 取得したソフトウエアを特別償却の対象とした場合、その処理は妥当か

14-1 ソフトウエアについての目のつけどころ

 ソフトウエアに係る調査ポイントには、どのようなものがありますか。また、調査はどのように進められますか。

 ソフトウエアは、従来、ノウハウに準ずるものとして税務上、繰延資産として取り扱われていました。

　しかし、ソフトウエアには、以下のような性質があり、繰延資産よりむしろ減価償却資産として取り扱うことが相当と考えられています。

（1）　自己が所有し利用できる

（2）　他に譲渡や賃貸ができる

（3）　既存のものに新たな価値を付加することにより機能の拡充、向上等を図ることができる

（4）　その使用による物理的減耗はないが、開発競争等が激しく、時の経過とともに陳腐化する

　そこで、平成12年度の税法改正により、ソフトウエアは減価償却資産である無形減価償却資産として処理することとされました（法令13ハリ）。

　ソフトウエアの調査ポイント及び調査の進め方としては次のようなものが考えられ、調査を受ける法人側もこのような調査ポイントに対応した事前チェックが必要となります。

（1）　ソフトウエアとして資産計上すべき費用を損金算入していないか

　ソフトウエアも減価償却資産に該当しますので、そのソフトウエアの

購入代価、製作費用、購入に要した付随費用、事業の用に供するための費用は、原則として、そのソフトウエアの取得価額に含める必要があります（法令54①）。

　したがって、調査においては、購入したソフトウエアであればその納品書、請求書、領収書等から、自社製作のものであれば作業日報、作業報告書、外注依頼書、その製作費用の集計プロセス等から、その取得価額の妥当性が検討されます。また、支払手数料、外注費、雑費等の中に、そのソフトウエアの取得価額に算入すべき付随費用等が含まれていないかということも検討されます。

　さらに、既存のソフトウエアにつき、補修、改良等を行った場合、資本的支出に該当するものはないかという点についても検討されます。

（2）　ソフトウエアの償却において、その償却期間は適正か

　ソフトウエアについては、その耐用年数は5年あるいは3年と法定されていますので、それ以外の耐用年数を用いて減価償却計算を行っていないかどうかが検討されます（耐令別表三、六）。

　特に、販売用ソフトウエア、中古ソフトウエアについてその誤りが多いようです。

（3）　ソフトウエアの償却開始時期は適正か

　ソフトウエアの償却開始時期が妥当かということも調査において検討されます。

　ソフトウエアの償却開始時期は、通常の減価償却資産と同じく、そのソフトウエアを事業の用に供した日となります。そのため、調査においては、そのソフトウエアの納入時期（自社製作のものについてはその完成時期）、取得代金の決済状況、そのソフトウエアに係るアウトプット

資料など、その利用開始時期が明らかとなる資料を検討して、事業の用
に供した日の検討が行われることになります。

14-2 ソフトウエアにおける否認事例及び誤りやすい事例

 ソフトウエアにおける否認事例、誤りやすい事例には、どのようなものがありますか。

 ソフトウエアにおける否認事例及び誤りやすい事例としては、次のようなものがあります。

（1）　自社製作のソフトウエアに係る費用を資産計上していなかったもの

ソフトウエアは無形減価償却資産に該当するため、自社製作のソフトウエアについても、他の自社製作減価償却資産と同様、その製作に要した費用（原材料費、労務費、経費）及びそのソフトウエアを事業の用に供するために直接要した費用につき資産計上をする必要があります（法令54①二）。

ただし、製作等のために要した間接費、付随費用等の合計額がその製作原価のおおむね3％以内のものは、そのソフトウエアの取得価額に算入しないことができることとされています（法基通7‐3‐15の3(3)）。

（2）　購入したソフトウエアのインストール費用を、そのソフトウエアの取得価額に含めていなかったもの

前述のようにソフトウエアは減価償却資産に該当しますので、その取得価額には、購入代価、購入手数料等の購入のために要した費用及びそのソフトウエアを事業の用に供するための費用も含まれます。

したがって、購入あるいは外注製作したソフトウエアをコンピュータにインストールするための費用も、そのソフトウエアを事業の用に供するための費用として、そのソフトウエアの取得価額に含まれることにな

ります。

　また、他から購入したソフトウエアについて、その導入の際に必要とされる設定作業や、自社の仕様に合わせるための付随的な修正作業のための費用も、そのソフトウエアの取得価額に含まれることになります。

（3）　ソフトウエアのバージョンアップのための費用を修繕費として処理していたもの

　ソフトウエアについて、プログラムの修正、補修、改良等を行った場合の費用が、資本的支出に当たるか、あるいは修繕費に当たるかの判定基準は、基本的には他の減価償却資産と変わりありません。

　すなわち、価値や機能を増加させるために支出した費用は資本的支出に該当し、通常の維持管理や現状回復のために支出した費用は修繕費に該当することになります。

　ソフトウエアについての資本的支出と修繕費の区分基準は、おおむね以下のようになります（法基通7－8－6の2、7－3－15の2）。

①　修繕費に該当する場合

　法人が有するソフトウエアにつきプログラムの修正等を行った場合において、その修正等がプログラムの機能上の障害の除去、現状の効用の維持などに該当するときは、その修正等に要した費用は修繕費に該当します。

②　資本的支出に該当する場合

　その修正等が新たな機能の追加、機能の向上など（いわゆるバージョンアップ）に該当するときは、その修正等に要した費用は資本的支出に該当することになります。

③　ソフトウエアの取得価額となる場合

　既に有するソフトウエアや購入したパッケージソフトウエアなどの仕

様を大幅に変更して、新たなソフトウエアを製作するための費用は、原則としてソフトウエアの取得価額となります。

（4）　事業の用に供していないソフトウエアにつき減価償却を行っていたもの

　無形減価償却資産の中には、漁業権や工業所有権のように、事業の用に供されているか否かにかかわらず、取得の日からその権利の存続期間により償却可能なものがあります。

　しかし、ソフトウエアについては、一般的な機械装置や器具備品などの減価償却資産と同じく、そのソフトウエアを事業の用に供した日以降でないと償却は認められません。

（5）　販売用ソフトウエアの償却を、見込総販売数量、当期実際販売数量に基づいて行っていたもの

　企業会計（研究開発費等に係る会計基準）においては、販売用ソフトウエアの償却は、その「性格に応じて、見込販売数量に基づく償却方法その他合理的な方法により償却しなければならない。」とされています。

　しかし、税務の場合、企業会計の規定にかかわらず、税務上定められた法定耐用年数に基づいて限度額計算を行う必要があります。

　税務上、販売用ソフトウエアの耐用年数は３年とされています（耐令別表第三の「ソフトウエア」、「複写して販売するための原本」）。

（6） あるソフトウエアを使用してデータ処理を行っていた業務が廃止
され、今後そのソフトウエアを利用しないことが明らかであるにも
かかわらず、そのソフトウエアの原本（CD-ROM）が廃棄されて
いないという理由で、そのソフトウエアに係る除却損の計上を見合
わせていたもの

　ソフトウエアにつき実際に除却、廃棄、消滅等がない場合であって
も、そのソフトウエアを今後事業の用に供しないことが明らかな事実が
あるときは、その事実が生じた事業年度に除却損を計上することができ
ます（法基通７−７−２の２）。

　ソフトウエアの除却処理については、245頁の「Column14-2　ソフト
ウエアの除却」をご参照下さい。

Column14-1 ソフトウエアの取得価額と減価償却

1　ソフトウエアの性質

　ソフトウエアは、（1）自己が所有し利用できる、（2）他に譲渡や賃貸ができる、（3）既存のものに新たな価値を付加することにより機能の拡充、向上等を図ることができる、（4）その使用により物理的な減耗はないが、開発競争等が激しく、時の経過とともに陳腐化する、という性質があり、税務上、無形減価償却資産に該当するとされています。

2　ソフトウエアの取得価額

　ソフトウエアの取得価額は取得形態別に以下のとおりとなります。

（1）　購入した場合

・購入の代価＋購入に要した費用＋事業の用に供するために直接要した費用

　この場合、そのソフトウエアの導入に当たって必要とされる設定作業及び自社の仕様に合わせるために行う付随的な修正作業等の費用の額も、取得価額に算入されます。

（2）　自社で製作した場合

・製作等に要した原材料費、労務費及び経費の額＋事業の用に供するために直接要した費用

　よく、自社で製作したソフトウエアにつき、その製作費用を減価償却資産として計上していなかったという事例が見受けられますので注意が必要です。

　なお、次のような費用はソフトウエアの取得価額に算入しないことができます（法基通7－3－15の3）。

　①　製作計画の変更等により、いわゆる仕損じがあったため不要となったことが明らかであるものに係る費用

　②　研究開発費（自社利用のソフトウエアについては、その利用により将来の収益獲得又は費用削減にならないことが明らかであるものに限ります。）

③　製作等のために要した間接費、付随費用等で、その合計額が少額
（その製作原価のおおむね３％以内の金額）であるもの

3　ソフトウエアの償却

ソフトウエアは無形減価償却資産に該当しますので、その償却方法は定額法となります。

また、その耐用年数は、次のとおりです（耐令別表三、六）。

（１）「複写して販売するための原本」、「研究開発用のもの」：３年

（２）「その他のもの」：５年

なお、中古のソフトウエアを取得した場合でも、上記「研究開発用のもの」以外のものについては、いわゆる簡便法に基づく中古資産の耐用年数の算定は認められませんので注意が必要です。

Column14-2	ソフトウエアの除却

1　固定資産の有姿除却

　老朽化したり不要となった固定資産を解体撤去、破砕、廃棄等により除却した場合には除却損を計上することになります。

　除却損の計上は、原則として、その資産を現実に除却しなければ認められません。

　しかし、現実に除却をしていない場合であっても、すでに、その寿命や使用価値が尽きていることが明確な固定資産については、現状有姿のまま、その資産の帳簿価額から処分見込額を控除した金額を除却損として損金の額に算入することが可能です。これを「有姿除却」といい、具体的には次のような固定資産について認められています（法基通７－７－２）。

（1）　その使用を廃止し、今後通常の方法により事業の用に供する可能性がないと認められる固定資産

（2）　特定の製品の生産のために専用されていた金型等で、その製品の生産を中止したことにより将来使用される可能性のほとんどないことがその後の状況等からみて明らかなもの

2　ソフトウエアの除却

　無形減価償却資産であるソフトウエアについても、実際に除却、廃棄、消滅等がない場合でも、有姿除却的な処理が認められています。

　ソフトウエアについては、その利用を廃止した場合でも、物理的な除却が常に行われるとは限りません。

　例えば、ある業務を廃止し、その業務に係るソフトウエアを使用しなくなった場合でも、将来、その業務に係るデータをバックアップする必要が生じるかもしれないという万一の場合に備えて、データとともにそのソフトウエアを廃棄せずに保管しておくということなどは十分考えられます。

　そこで、ソフトウエアにつき実際に除却、廃棄、消滅等がない場合であっても、次の（1）、（2）の場合のように、そのソフトウエアを今後事業の用に供しないことが明らかな事実があるときは、その事実が生じた事業年度に除却損を計上することができます（法基通７－７－２の２）。

　なお、除却損を計上する場合において、そのソフトウエアに処分見込価額がある場合には、これを控除した残額が除却損の金額となります。

（1）　自社利用のソフトウエア

　①　そのソフトウエアによるデータ処理の対象となる業務が廃止され、そのソフトウエアを利用しなくなったことが明らかな場合

　②　ハードウエアやオペレーティング・システムの変更等によって他のソフトウエアを利用することになり、従来のソフトウエアを利用しなくなったことが明らかな場合

（2）　複写して販売するための原本となるソフトウエア

　新製品の出現、バージョンアップ等により、今後、そのソフトウエアの販売を行わないことが社内稟議書、販売流通業者への通知文書等で明らかな場合

第15章

繰延資産

繰延資産における調査ポイント

① 繰延資産として計上すべきものを損金算入していないか
② 繰延資産の償却において、その償却期間は適正か
③ 繰延資産の償却開始時期は適正か

15-1 繰延資産についての目のつけどころ

 Q 繰延資産の調査ポイントには、どのようなものがありますか。また、調査はどのように進められますか。

A 繰延資産とは、法人が支出する費用のうち、その支出の効果が1年以上に及ぶものとされていますが、会社法や企業会計と税法ではその範囲に若干の違いがあります。

　会社法や企業会計における繰延資産としては、創立費、開業費、開発費、株式交付費、社債発行費などがあります。一方、税法上の繰延資産には、これらの繰延資産のほか、「支出の効果が1年以上に及ぶ」一定のものが含まれており、その範囲は、会社法や企業会計上の繰延資産よりも広くなっています。

　税務調査においては、例えば公共的施設の負担金など、税法固有の繰延資産が、特によく問題とされ、調査の対象となります。

　繰延資産の調査ポイント及び調査の進め方としては次のようなものが考えられ、調査を受ける法人側もこのような調査ポイントに対応した事前チェックが必要となります。

（1）　繰延資産に計上すべきものを損金算入していないか

　法人が支出する費用のうち、その支出の効果が1年以上に及ぶ次の費用については繰延資産として計上し、償却期間にわたり償却計算を行わなければなりません（法令14①六）。

① 　自己が便益を受ける公共的施設又は共同的施設の設置又は改良のために支出する費用

② 　資産を賃借し又は使用するために支出する権利金、立退料その他の

費用

③　役務の提供を受けるために支出する権利金その他の費用

④　製品等の広告宣伝の用に供する資産を贈与したことにより生ずる費用

⑤　その他、自己が便益を受けるために支出する費用

　税務調査においては、法人が損金処理した支出のうち、税務上繰延資産に該当するものはないかどうかにつき、経費帳、請求書、領収書、契約書、稟議書等から検討が行われます。

（2）　繰延資産の償却においてその償却期間は適正か

　会社法や企業会計上の繰延資産については、随時償却が認められていますが（法令64①一）、税法固有の繰延資産については、それぞれの償却期間が法人税基本通達により定められています（法基通8－2－3）。

　税務調査においては、その償却期間が適正かどうかということも検討されます。

　特に、公共的施設等の負担金、建物を賃借するために支出した権利金等に係る償却期間の適否が、調査ではよく問題となります。

（3）　繰延資産の償却開始時期は適正か

　繰延資産の償却開始時期が妥当かということも調査において検討されます。

　繰延資産の償却開始時期は、原則として、繰延資産となる費用を支出した日となります。ただし、公共的施設や共同的施設の負担金（その施設の建設等に着手した時から）や建物を賃借するために支出した権利金（その建物を賃借した時から）のように、その償却開始時期が支出した日より後となる場合のものもあり、注意が必要です（法基通8－3－5）。

　また、分割払いにより支出した繰延資産の償却についても誤りが多いため、その適否が検討されます（法基通 8 － 3 － 4 ）（256頁の15－ 2 ⑻参照）。

15-2 繰延資産における否認事例及び誤りやすい事例

Q 繰延資産における否認事例、誤りやすい事例にはどのようなものがありますか。

A 繰延資産における否認事例及び誤りやすい事例としては、次のようなものがあります。

（1）　国等に対して支出した、自己の必要に基づいて行う道路、堤防、その他の施設等の公共的施設の設置、改良等のために支出する費用を、国等に対する寄附金であるとして損金処理していたもの

　国等に対する寄附金であっても、寄附した者に特別の利益が及ぶような寄附については、税務上、国等に対する寄附金に該当しないものとされています（法法37③一）。

　さらに、その寄附金が、自己の必要に基づいて行う道路、堤防、その他の施設等の公共的施設の設置、改良等のために支出する費用であれば、その費用は繰延資産として計上する必要があります（法令14①六イ、法基通8-1-3）。

　なお、その場合の償却期間は、負担者が専ら使用する施設等であれば、その施設等の法定耐用年数の10分の7、それ以外の施設であれば10分の4となります（法基通8-2-3）。

　国等に対する寄附金であっても、税務上そのすべてが全額損金算入となるとは限らない、ということに留意しておくべきです。

（2） 商店街組合の会館建設のための負担金を繰延資産として計上していなかったもの

税務上の繰延資産には、「自己が便益を受ける共同的施設の設置又は改良のために支出する費用」というものがあります（法令14①六イ）。

具体的には、法人が所属する協会、組合、商店街などの行う共同的施設の建設又は改良に要する費用の負担金がこれにあたります（法基通8－1－4）。

ここでいう「共同的施設」とは、共同展示場、共同宿泊所、所属する協会等の会館のほか、商店街等における共同のアーケード、日よけ、アーチ、すずらん灯などが該当します。

なお、これらの繰延資産の償却期間は、その施設等が負担者等の共同の用に供されるものや協会等の本来の用に供されるものについてはその施設の法定耐用年数の10分の7とされていますが、そのようにして求めた年数が10年を超える場合には、10年を償却期間として償却限度額を計算することとされています（土地部分については45年）（法基通8－2－3、8－2－4）。

また、共同のアーケード、日よけ等負担者の共同の用と一般公衆の用の両者に供されるものの償却期間については5年（その施設の法定耐用年数が5年より短い場合には、その耐用年数）とされています。

これらの償却開始時期は、その会館の建設に着手した時点とされています。

なお、その施設の相当部分が貸室に供されるなど、負担者にその支出の効果が反映されないようなときは、その部分に係る負担金は、組合等に対する寄附金となりますのでご注意下さい（法基通8－1－4）。

（3）　大型店の新規出店に際し、地元商店街に対し支出した営業補償金（商店街の売上減少分を填補するための損害賠償金）を繰延資産として計上していたもの

　このような営業補償金は、新規出店のために支出されるものであり、その効果が1年以上に及ぶため、繰延資産として計上すべきであるとも考えられます。

　しかし、地元商店街とは、本来、自由な競争をすべき関係にあり、このような営業補償金は、必ず支払わなくてはならない性格のものではありません。

　また、ビルの建設による日照妨害や電波障害等に対して支払われる損害賠償金的な補償金とも内容が異なります。

　このように考えていきますと、この種の営業補償金は、地元商店街に金銭を与えることにより、地域内の軋轢など、新規店舗の営業活動に対する阻害要因を抑えるという一種の賄賂的な性格を持ち、交際費等に該当すると考えられます（措通61の4(1)−15(8)）。

（4）　地方公共団体に支払った開発負担金を一時の損金として処理していたもの

　（3）の事例と類似したものとして、法人が固定資産として使用する土地、建物等の造成、建築等の許可を受けるために、地方公共団体に対して開発負担金等を支払わなければならない場合があります。

　この負担金については、建物建築等に際しての条件としてあらかじめ約束されているものであり、支払先も地方公共団体であって公共性の高いものであるという理由から、交際費には該当しないものとされています。

　このような負担金等を支出した場合、その性質により、支出した額

を、その固定資産の取得価額に含めなければならない場合や、無形減価
償却資産、繰延資産として計上しなければならない場合がありますの
で、支出した負担金の性質を確認する必要があります（法基通7－3－11
の2）。

このような開発負担金の取扱いの詳細については、260頁の「Column15-
2　宅地開発等に際して支出する開発負担金」をご参照下さい。

（5）　建物を賃借する際に支払った敷金のうち返還されない部分についても全額損金処理していたもの

建物を賃借するために支出した権利金や敷金のうち返還されない部分
については、繰延資産として計上し、5年（賃借期間が5年未満である
場合で、更新時に再び権利金等を支払わなければならないものについて
は、その賃借期間）で償却を行う必要があります（法基通8－2－3）。

なお、建物を賃借する際に支出した仲介手数料については、厳密に考
えれば権利金等と同様、建物を賃借するための費用であり、繰延資産と
して計上すべきであるという考え方もあります。しかし、一般的にこの
ような仲介手数料は、宅建業法の規定により、家賃の1か月分と定めら
れており、このような少額なものまで繰延資産計上を強制するのは酷で
あるという重要性の観点から、支出時の損金として処理することが認め
られています。

また、似たような支出である土地を賃借するために支出する仲介手数
料については、繰延資産ではなく借地権の取得価額に含まれますのでご
注意下さい。

（6）　フランチャイズ・チェーンの加盟一時金を繰延資産としていなかったもの

　フランチャイズ・チェーンの加盟店になれば、本部からさまざまな経営上のノウハウの提供を受けたり、材料の一括仕入れなどによる経費節減、本部が加盟店の広告宣伝を行ってくれるなど、さまざまなメリットを受けることが可能になります。

　このようなメリットの対価として、加盟店は本部に対し、加盟時に加盟一時金を支払います。この加盟一時金は、加盟後さまざまなメリットを受けるために支出する権利金的なものと考えられており、その契約期間も1年を超える場合が通常ですので、繰延資産として計上する必要があります（法基通8-1-6）。

　その償却期間については、ノウハウの設定契約に際して支出する一時金の償却期間が5年（契約期間が5年未満である場合で、更新時に再び一時金を支払わなければならないものについては、その契約期間）と定められていることから（法基通8-2-3）、加盟一時金もこれに準ずるものとして同様の取扱いがなされています。

　また、これに類似したものとして、自社の製品をスーパーマーケットなどの店頭に並べてもらうためにスーパーに対して支出する一時金（フェース料などと呼ばれている場合が多いようです。）があります。この一時金についても、その効果の及ぶ期間が1年以上あれば、加盟一時金と同様、繰延資産として計上する必要があると思われます。

（7）　広告宣伝用資産の贈与費用を広告宣伝費として処理し、繰延資産としていなかったもの

　法人が、自己の製品などの広告宣伝のため、特約店などにその法人名や製品名などが表示された看板、陳列ケース、自動車などの広告宣伝用

資産を贈与した場合には、その広告宣伝の効果が1年以上に及ぶため、その贈与に係る費用は繰延資産として計上しなければなりません（法令14①六ニ）。

このような広告宣伝用資産を贈与した場合の繰延資産の償却期間は、その贈与した資産の耐用年数の10分の7に相当する年数とされています（その年数が5年を超えるときは、5年）（法基通8－2－3）。

広告宣伝用資産を贈与した場合における税務上の取扱いの詳細については、261頁の「Column15-3　広告宣伝用資産を贈与した場合」をご参照下さい。

（8）　長期分割払いの繰延資産について、その総額につき未払金計上し、償却をしていたもの

法人が税務上の繰延資産に該当する費用を分割して支払う場合には、原則として、たとえその総額が確定しているときであっても、その総額を未払金に計上して償却することはできないこととされています（法基通8－3－3）。

例えば、繰延資産（償却期間5年）として処理すべき費用100万円を5年間にわたり毎期首に20万円ずつ分割払いしたような場合、それぞれの期における償却限度額は次頁の［図表15－1］のようになります。

ただし、その分割期間が短期間（おおむね3年以内）である場合には、その総額を未払金計上して償却することが可能です。

また、分割払いの際、それぞれの分割金の額が20万円未満であったとしても、支出時に全額を損金処理することは認められません。

少額な繰延資産に該当するかどうかの判定は、あくまでもその繰延資産に対して支出する総額によることとなりますので、この点もご注意下さい。

[図表15－1]

	支出累計額	償却限度額	償却累計額
第1期	20万円	$20 \times \dfrac{1}{5} = 4$万円	4万円
第2期	40万円	$40 \times \dfrac{1}{5} = 8$万円	12万円
第3期	60万円	$60 \times \dfrac{1}{5} = 12$万円	24万円
第4期	80万円	$80 \times \dfrac{1}{5} = 16$万円	40万円
第5期	100万円	$100 \times \dfrac{1}{5} = 20$万円	60万円
第6期	100万円	$100 \times \dfrac{1}{5} = 20$万円	80万円
第7期	100万円	残額＝20万円	100万円

　なお、繰延資産となる公共的施設や共同的施設の設置などに係る負担金を分割払いした場合、次の要件をすべて満たしているものについては、支出のつど、その支出金全額を損金算入することが認められています（法基通8－3－4）。

① 　負担金の額が、その負担金に係る繰延資産の償却期間以上の期間にわたり分割して支払われるものであること

② 　分割して支払われる負担金の額がおおむね均等額であること

③ 　負担金の支払いが、おおむねその支出に係る施設の工事の着工後に開始されること

Column15-1　税法固有の繰延資産

1　会計上の繰延資産

　会計上の繰延資産とは、①すでに代価の支払いが完了又は支払義務が確定し、②これに対応する役務の提供を受けたにもかかわらず、③その効果が将来にわたって生ずる費用をいい、具体的には次の費用が繰延資産に該当します。

（1）　創立費（発起人に対する報酬、設立登記費用など会社設立のために要した費用）

（2）　開業費（設立後開業までの間にその準備のために要した費用）

（3）　株式交付費（株式を発行するときなどに要した費用）

（4）　社債発行費（社債を発行するときなどに要した費用）

（5）　開発費（新技術や新経営組織の採用、資源開発、市場開拓などのために要した費用）

2　税法固有の繰延資産

　一方、税務上の繰延資産は、「法人が支出する費用のうち、その支出の効果がその支出の日以後1年以上に及ぶもの」とされ、会計上の繰延資産よりその範囲が広く、会計上の繰延資産に加えて、次のような費用が含まれます。

（1）　自己が便益を受ける公共的施設や共同的施設の設置や改良のために支出した費用（商店会の会館建設負担金や自社の便宜のために支出した公道舗装費用など）

（2）　資産を賃借し又は使用するために支出した権利金、立退料その他の費用（店舗を賃借する際の権利金など）

（3）　役務の提供を受けるために支出した権利金その他の費用（ノウハウ取得の頭金など）

（4）　製品等の広告宣伝の用に供する資産を贈与したことにより生じた費用（自社名入りの陳列棚を特約店に贈与するための費用など）

（5）　その他自己が便益を受けるために支出した費用（同業者団体の加入金、フランチャイズの加盟金など）

3　繰延資産の償却

　会計上の繰延資産については、税務上、任意償却が認められていますが、税法固有の繰延資産については任意償却が認められず、その支出の効果が及ぶ期間で償却を行う必要があり、税務上、各繰延資産について、その償却限度額が定められていますので注意が必要です。

　なお、その支出金額が20万円未満の少額な繰延資産については、その支出額全額を支出時の損金とすることが認められています。

Column15-2

宅地開発等に際して支出する開発負担金

　法人が固定資産として使用する土地、建物等の造成、建築等を行おうと
した場合、その地方公共団体の開発指導要綱等に基づき開発負担金の支払
いや土地、施設等の提供が必要となる場合があります。

　法人からすれば、その負担金支出の効果が将来に及ぶため繰延資産とし
て、あるいは、負担金を支払わなければ建物等の建築等ができないため、
建物等の取得価額に算入すべき費用として処理すべきであるとも思われま
す。

　しかし、負担金にもさまざまな性質のものがあり、一律に負担金の額を
その建物等の取得価額に算入したり繰延資産として取り扱うことも妥当で
はありません。

　そこで、法人が支出した各種負担金の性質により次のように処理するこ
ととされています（法基通7－3－11の2）。

（1）　文教福祉施設（学校、図書館など）、環境衛生施設（病院、開発地
　　　域外の下水道など）、消防施設（消防署、消火栓など）など開発地域
　　　外の住民の便益に寄与すると認められる公共的な施設の負担金等の額
　　　は繰延資産とすることとされており、その償却期間は8年とされてい
　　　ます。

（2）　土地の開発において、開発地域内の道路、公園、緑地、公道との取
　　　付道路などのように直接開発した土地の効用を形成すると認められる
　　　ものに係る負担金等の額は、その土地の取得価額に算入することとさ
　　　れています。

（3）　上水道、下水道、工業用水道、汚水処理場、開発地域周辺の道路
　　　（取付道路を除きます。）などのように土地や建物等の効用を超えて独
　　　立した効用を形成すると認められる施設で、その法人の便益に直接寄
　　　与すると認められるものに係る負担金等の額は、それぞれその施設の
　　　性質に応じて無形減価償却資産の取得価額又は繰延資産とすることと
　　　されています。

Column15-3　広告宣伝用資産を贈与した場合

　メーカーなどが、広告宣伝活動の一環として、販売業者等に、そのメーカー名や製品名などが表示された看板、陳列ケースなどの広告宣伝用資産を、無償あるいは低い価額で譲渡するような場合がよく見受けられます。

1　広告宣伝用資産を贈与した側の処理

　メーカーなどが、広告宣伝用資産を贈与あるいは低廉譲渡した場合は、その贈与等に要した費用を広告宣伝費等で一時の損金として処理することはできず、その支出の効果が1年以上に及ぶ費用、すなわち繰延資産として計上する必要があります（法令14①六ニ）。

　広告宣伝用資産に該当するものとしては、次のようなものがあります。

（1）　看板（広告宣伝用のもの：以下同じ）

（2）　ネオンサイン

（3）　どん帳

（4）　陳列棚

（5）　自動車など

　また、広告宣伝用資産には、展示用モデルハウスのように見本としての性質を併せ持つものも含まれます。その償却期間については、その贈与等を行った広告宣伝用資産の法定耐用年数の70％に相当する年数（1年未満の端数は切捨て、その年数が5年を超えるときは5年）とされています（法基通8-2-3）。

　例えば、自社製品のロゴマークが車体全体に描かれた営業用自動車を贈与した場合、その自動車の法定耐用年数は6年（排気量が0.66ℓを超える場合）とされていますので、

　6年×0.7≒4年（端数切捨て）

がその償却期間となります。

　ただし、その贈与等に要した費用が20万円未満である場合には、少額な繰延資産として、贈与した事業年度にその費用全額を損金処理することができます。

2 受贈益を計上しなければならない場合

　一方、広告宣伝用資産の贈与等を受けた販売業者等も、ある程度の経済的な利益を受けるわけですから、その資産の取得に際し、受贈益を計上しなければならない場合があります（法基通4－2－1）。

　販売業者等がメーカー等から、次の（1）から（3）のような広告宣伝用資産の交付を受けた場合、次の〔算式〕により計算した金額が販売業者等が受けた経済的利益の額であるとして、その資産の取得価額を算定します。

（1）　自動車や自動二輪車などで車体の大部分に一定の色彩を塗装して、メーカー等の製品名又は社名を表示し、その広告宣伝を目的としていることが明らかなもの

（2）　陳列棚、陳列ケース、冷蔵庫又は容器でメーカー等の製品名や社名の広告宣伝を目的としていることが明らかなもの

（3）　展示用モデルハウスのようにメーカー等の製品の見本であることが明らかなもの

〔算式〕

$$
\begin{pmatrix} 経済的 \\ 利益 \end{pmatrix} = \left(\begin{matrix} メーカー等のその \\ 資産の取得価額 \end{matrix} \times \frac{2}{3} \right) - \left(\begin{matrix} 販売業者等がその資産を取得 \\ するために支出した金額 \end{matrix} \right)
$$

　例えば、メーカーのロゴが大きく車体に塗装された120万円のワゴン車を販売店が30万円で取得した場合、販売店が受けた経済的利益の額は、$(120万円 \times \frac{2}{3}) - 30万円 = 50万円$ となり、このワゴン車の取得価額は80万円（＝30万円［販売店負担額］＋50万円［経済的利益の額］）となります。

　したがって、この広告宣伝用資産の取得に係る処理は次の仕訳のようになります（消費税等は無視しています。）。

（借方）		（貸方）	
車両運搬具	80万円	現金	30万円
		固定資産受贈益	50万円

　なお、次のような場合には受贈益の認識は必要ありません。

（1）　上記の〔算式〕により計算された経済的利益の額が30万円以下と少額である場合

　　なお、同一のメーカーなどから2以上の広告宣伝用資産を受けたと
　きは、その合計額により判定します。
（2）　取得した資産が、広告宣伝用の看板、ネオンサイン、どん帳のよう
　　に、専ら広告宣伝の用に供される資産である場合

第16章

消費税等

消費税等における調査ポイント

① 課税事業者に該当するにもかかわらず消費税等の
  申告を行っていない法人はないか
② 課税売上割合の算定に誤りはないか
③ 課税売上高の算定に誤りはないか
④ 仕入税額控除額の算定に誤りはないか
⑤ 簡易課税制度の適用及びその計算に誤りはないか
⑥ 申告書、各種届出書の提出時期に誤りはないか

16-1 消費税等についての目のつけどころ

Q 消費税等に係る調査はどのように進められますか。また、調査のポイントにはどのようなものがありますか。

A 消費税等に係る調査官の調査の進め方及び調査ポイントとしては、次のようなものが考えられます。調査を受ける法人側も、このような調査ポイント等に対応した事前チェックが必要となります。

1 連動非違と固有非違

消費税等の調査は通常、法人税の調査と並行して行われます。

消費税等の調査における非違は、法人税の非違に連動して消費税等の非違も生じるもの（連動非違）と、法人税の否認とは連動しない消費税等固有の非違（固有非違）とに分類されます。

連動非違については、法人税と消費税等の調査が同時に行われることになりますが、固有非違については、消費税等独自の検討が別に行われることになります。

連動非違及び固有非違の具体例としては、次のようなものがあります。

連動非違	固有非違
・ 売上除外 ・ 売上計上漏れ ・ 架空仕入、経費 ・ 経費の繰上計上 など	・ 取引における課非判定誤り ・ 仕入税額控除の計上時期及び計算誤り ・ 簡易課税制度の適用及び計算誤り ・ 課税売上割合の算定誤り など

なお、加算税の取扱いですが、売上除外のような連動非違の場合、法人税において重加算税の対象とされるような非違については、消費税等

においても重加算税対象の非違として取り扱われますので注意が必要です。

2　消費税等の調査におけるポイント

消費税等における調査のポイントとしては、次のようなものが考えられます。

（1）　課税事業者に該当するにもかかわらず消費税等の申告を行っていない法人はないか

消費税等の課税事業者となる法人は、原則として、基準期間（その事業年度の前々事業年度）の課税売上高が1,000万円超の法人等です（消法9①）。

ただし、設立1期目、2期目など、基準期間がない事業年度であってもその事業年度開始の日における資本金の額又は出資の金額が1,000万円以上の法人については、課税事業者として取り扱われます。

また、特定期間（その事業年度の前事業年度開始の日以後6か月の期間）における課税売上高が1,000万円を超えた法人も課税事業者として取り扱われます。

さらに、「消費税課税事業者選択届出書」を提出している法人については、基準期間の課税売上高が1,000万円以下であっても課税事業者として取り扱われます（消法9④）。

課税事業者に該当する法人の詳細については、287頁の「Column16-1　消費税等における納税義務者」をご参照下さい。

税務調査においては、これら課税事業者に該当する法人が適正に消費税等の申告を行っているかどうかが確認されます。

（2）　課税売上高の算定に誤りはないか

　消費税等では、国内において事業として対価を得て行われる資産の譲渡、貸付け及び役務の提供が課税対象となります。

　課税売上高の調査においては、これらの課税取引をもとに課税売上高が適正に集計されているかどうか、課税取引を非課税取引や不課税取引として取り扱っていないかどうかについて調査が行われます。

　なお、不課税取引、非課税取引、免税取引の違いについては、289頁の「Column16-2　消費税等における不課税取引、非課税取引、免税取引」をご参照ください。

（3）　仕入税額控除の算定に誤りはないか

　仕入税額控除については、課税売上高の算定とは逆に、非課税取引や不課税取引に該当するものを課税取引とし、仕入税額控除の対象としていないかが調査の対象となります。

　特に、給与、会費、交際費、旅費交通費等に誤りが多く見られるようです。

　また、課税期間の課税売上高が5億円超の法人や課税売上割合が95％未満である法人は、課税仕入等に係る消費税等の額のうち一部が控除対象として認められないことになります（消法30①②）ので、課税売上割合の計算及び仕入税額控除額は妥当かということが調査されます。

（4）　簡易課税制度の適用及びその計算に誤りはないか

　簡易課税制度は基準期間の課税売上高が5,000万円以下の小規模な事業者の消費税事務の負担を軽減するために選択適用が認められた制度です（消法37）。

　簡易課税制度を選択している法人については、基準期間の課税売上

高、「消費税簡易課税制度選択届出書」提出の有無などから、簡易課税
の適用が可能な法人かどうかの検討が行われます。

　また、業種によって異なるみなし仕入率の適用が妥当かどうかという
ことも調査の対象となります。

　なお、簡易課税制度については291頁の「Column16-3　簡易課税制度」
をご参照下さい。

（5）　申告書、各種届出書等の提出時期に誤りはないか

　消費税の申告書は、原則として、課税期間終了後2か月以内に提出す
る必要があります（消法45）。

　ただし、法人税の申告期限の延長の特例の適用を受ける法人が、「消
費税申告期限延長届出書」を提出した場合には、その申告期限が1か月
延長されます。

　また、「消費税簡易課税制度選択届出書」や「消費税簡易課税制度選
択不適用届出書」、「消費税課税事業者選択届出書」は、原則として、そ
の適用（不適用）を受けようとする課税期間開始の日の前日までにその
届出書を提出しなければ、その課税期間における適用（不適用）は認め
られません（消法37①他）。

　税務調査においては、これら申告書や届出書の提出日が妥当かどうか
ということも確認されます。

16-2 消費税調査における否認事例及び誤りやすい事例

 Q 消費税調査における否認事例及び誤りやすい事例には、どのようなものがありますか。

A 具体的な否認事例及び誤りやすい事例として「課税事業者の判定」「課税売上」「仕入税額控除」「簡易課税制度」「申告書、各種届出書の提出等」の各項目別にご説明します。なお、解説の中に「（認容）」とあるのは、消費税等の額が減少、あるいは還付税額が増加するものです。

（1） 課税事業者の判定

① 基準期間の算定

基準期間となる設立1期目の事業年度が3か月間であり、その期の課税売上高が900万円あるにもかかわらず、設立3期目の消費税等の申告を行っていなかったもの

⇒ 基準期間（事業年度が1年である法人の場合はその事業年度の前々事業年度）が1年未満である場合、課税売上高を1年分に換算して課税事業者かどうかの判定を行う必要があります（消法9②二）。

② 特定期間による判定

特定期間における課税売上高が1,000万円を超えているにもかかわらず、その課税期間の基準期間における課税売上高が1,000万円以下であるという理由で消費税等の申告を行っていなかったもの

⇒ その課税期間の基準期間における課税売上高が1,000万円以下であっても特定期間（法人の場合、原則として、その事業年度の前事業年度開始の日以後6か月の期間）における課税売上高が1,000万円を

超えた場合、その超えた課税期間から課税事業者となります。

　なお、特定期間における1,000万円の判定は、課税売上高に代えて、給与等支払額の合計額により判定することも可能です。

③　資本金1,000万円以上の会社の特例

資本金1,000万円以上の法人を設立したにもかかわらず、設立1期目、2期目の消費税等の申告を行っていなかったもの

⇒　事業年度開始の日の資本金の額が1,000万円以上の法人については設立1期目、2期目（基準期間がない事業年度）は自動的に納税義務者となります（消法12の2）。

　3期目については、1期目の課税売上高が1年分に換算して1,000万円以下かどうかにより納税義務者かどうかの判定を行うことになります。

④　法人成り

個人事業者が資本金1,000万円未満の会社に法人成りした場合、設立1期目の消費税等の申告を、2年前の個人事業者時代の課税売上高が1,000万円超であったとして、「消費税課税事業者選択届出書」を提出することなく、消費税の還付申告を行っていたもの

⇒　納税義務の判定は、事業者ごと、すなわち個人事業者や法人ごとに行うこととなりますので、個人事業者時代の課税売上高は法人における課税事業者かどうかの判定には影響しません。

　なお、個人事業者が法人成りの際、法人に対し個人の事業用資産を譲渡したり現物出資したりすると、個人事業者において課税の対象となりますので注意が必要です。

（2）　課税売上

①　資産の譲渡等の対価の額の見積り

　課税期間の末日までに資産の譲渡等の対価の額が確定していないという理由で、その対価の額を課税標準に含めていなかったもの

⇒　資産の譲渡等を行った場合において、その資産の譲渡等をした日の属する課税期間の末日までにその対価の額が確定していないときは、同日の現況によりその金額を適正に見積もる必要があります。

　なお、見積額と確定した額との間に差額が生じた場合には、その差額を対価の額が確定した日の属する課税期間の資産の譲渡等の対価の額に加算又は対価の額から控除することになります（消法28、消基通10－1－20）。

②　建物付土地の譲渡対価区分

　建物と土地を一括譲渡した際、その対価区分を誤っていたもの

⇒　消費税等における両者の区分は合理的に行う必要がありますが、所得税又は法人税の土地の譲渡等に係る取扱いによる区分が一般的です（消基通10－1－5、11－4－2）。

③　外注先への有償支給分に係る対価

　外注先に対して有償支給した原材料等の対価の額を課税対象外としていたもの

⇒　外注先等に対して外注加工に係る原材料等を支給する場合において、その支給に係る対価を収受することとしている（いわゆる有償支給）ときは、その原材料等の支給は、対価を得て行う資産の譲渡に該当します。

　ただし、有償支給の場合であっても、法人が支給した原材料等を自己の資産として管理しているときは、その原材料等の支給は、資産の譲渡に該当しません（消基通5－2－16）。

④　固定資産税相当額の処理

　年の途中で建物を売却した際に受領した譲渡先負担となる固定資産税の日割計算精算分を、課税売上としていなかったもの

⇒　このケースにおける固定資産税の日割計算精算分は、地方公共団体に納付する固定資産税ではなく、当事者間における取引価格調整のための金銭の収受とされており、消費税等においては建物の譲渡対価の一部とされます（消基通10－1－6）。

⑤　役員に対する資産の贈与、低廉譲渡（みなし譲渡）

　法人がその役員に対して資産を贈与又は著しく低い価額で譲渡したにもかかわらず、時価により消費税等を課税していなかったもの

⇒　法人が資産を役員に譲渡した場合で、その譲渡の対価の額が著しく低い（おおむね時価の50％未満）ときには、譲渡における通常の販売価額（時価）により課税されます（消法28①但書）。

　なお、役員に対する著しく低い価額による資産の貸付けや役務の提供の対価については、この役員に対する資産の低廉譲渡の規定は適用されません。

⑥　更地の貸付け

　青空駐車場（地面の整備、フェンス、区画、建物の設置、車両等の管理なし）として貸し付けている土地の賃貸料を課税取引としていたもの（認容）

⇒　更地の貸付けに係る賃貸料は課税対象となりませんが、地面の整備、フェンス、区画、建物の設置、車両等の管理を行っている駐車場の貸付けの対価は、施設の貸付けとして課税取引となります（消基通6－1－5（注1））。

⑦　短期の土地の貸付け

　契約において定められた貸付期間が1か月未満である土地の賃貸料を

課税取引としていなかったもの

⇒ 土地の貸付けは非課税ですが、土地の貸付期間が1か月未満である
場合には例外的にその賃貸料は課税の対象となります（消令8）。

⑧ ゴルフ会員権の譲渡

ゴルフ会員権を譲渡したにもかかわらず、その対価を非課税売上とし
ていたもの

⇒ 株式、出資や預託の形態によるゴルフ会員権は、その譲渡が非課税
となる有価証券に類するものには該当せず、その譲渡は非課税とはな
りません（消法6、別表1（令和5年10月1日以後は別表2）、消令9、消基通
6－2－2）。

⑨ 収用（対価補償金）

収用の際受領した"建物に係る移転補償金"を課税売上としていたも
の（認容）

⇒ 租税特別措置法上、法人税の特例として移設困難な建物等に対する
移転補償金を対価補償金として取り扱う規定がありますが、そのよう
な移転補償金でも、消費税等においては対価性のない補償金であると
して課税対象外となります（消基通5－2－10）。

⑩ 貸付金に係る貸倒れ

貸付金につき貸倒処理したにもかかわらず、その金額の一部を消費税
等の申告の際、消費税等の額から控除していたもの

⇒ 課税売上に関して発生した債権を貸倒処理した場合、その債権に係
る消費税部分については消費税等の額から控除することができます
（消法39①）。

しかし、その対象となる債権については、売掛金等その債権発生時
に消費税等が含まれている債権に限られますので、上記のような貸付
金についてはその適用はありません。

⑪　貸倒処理における適用税率

　税率8％の消費税等が課されていた売掛金を貸倒処理した際、その売掛金の110分の10を仮払消費税として計上していたもの

⇒　控除する消費税等の額は、それが消費税率8％の時代に発生した債権であれば、その控除額は債権額の108分の8となります。

⑫　貸倒引当金繰入額

　個別評価に係る貸倒引当金繰入額を消費税等の控除対象としていたもの

⇒　この控除は貸倒処理をした際に認められるものであり、貸倒引当金の繰入れでは認められません。

⑬　売上割引

　売上割引を支払利息に準ずるものとして、課税売上のマイナスとしていなかったもの（認容）

⇒　売上割引は、会計上、利息に準ずるものとして取り扱われる場合もありますが、消費税では売上に係る対価の返還等として取り扱うこととされています（消基通14−1−4）。

（3）　仕入税額控除

（売上原価・工事原価）

①　外注費と給与

　課税仕入とした製造原価中の外注費等の中に給与に該当するものが含まれていたもの

⇒　課税仕入が認められない、個人に対して支出する労務提供の対価とは、イ　雇用契約又はこれに準ずる契約に基づき、ロ　他の者に従属し、かつ、ハ　当該他の者の計算により行われる事業に提供する役務に係るものをいいます（消法2①十二、消基通11−1−2）。

なお、請負とその区分が明らかでない場合には、例えば、以下の（イ）から（ニ）までの事項を総合勘案して判断することになります。

（イ） その契約に係る役務の提供の内容が他人の代替を許容するか。（許容する：請負（外注費）、許容しない：雇用（給与））

（ロ） 役務の提供に当たり支払った側が指揮監督をしているか。（指揮監督していない：請負（外注費）、指揮監督している：雇用（給与））

（ハ） まだ引渡しを受けていない完成品が不可抗力のため滅失した場合等においても、既に提供された役務に係る報酬の請求を受けるか。（受けない：請負（外注費）、受ける：雇用（給与））

（ニ） 役務の提供に係る材料又は用具等を支払った側が供与しているか。（供与していない：請負（外注費）、供与している：雇用（給与））

なお、293頁の「Column16-4 外注費か給与かの区分」もご参照下さい。

② 三国間貿易に係る仕入

三国間貿易（国外で購入した資産を国内に搬入することなく他へ譲渡する取引）に係る仕入を課税仕入としていたもの

⇒ 資産の譲渡又は貸付けの場合、資産の譲渡等が国内で行われたか否かの判定については、原則として、譲渡又は貸付けの時における資産の所在場所で判定します。

したがって、国外で購入した資産を国内に搬入することなく他の事業者等に譲渡した場合における仕入については、その経理処理のいかんを問わず国内で行われたものに該当せず、課税仕入とすることはできません（消基通5－7－1）。

（人件費）

③　給与等における通勤手当

従業員に係る通勤手当を課税仕入の対象としていなかったもの（認容）

⇒　給与自体は仕入税額控除の対象とはなりませんが、通勤手当のうち、現にその通勤の費用に充てられる部分の金額については仕入税額控除の対象となります（消基通11－2－2）。

これは、所得税の非課税限度額を超える通勤手当であっても差し支えありません。

④　派遣料、出向料

労働者派遣会社に対して支払った派遣料を課税仕入の対象としていなかったもの（認容）、出向元へ支払った出向料を課税仕入としていたもの

⇒　労働者派遣に対する対価は、給与に該当しないことから仕入税額控除の対象となりますが、出向料はその出向社員に対する給与に該当するため、仕入税額控除の対象となりません（消基通5－5－10、5－5－11）。

（旅費・交通費関係）

⑤　単身赴任者が帰省するための旅費等

給与と認められる旅費（単身赴任者が帰省するための旅費等）を課税仕入としていたもの

⇒　従業員の出張等に伴い支出する出張旅費、宿泊費、日当等は、法人が事業遂行のために必要な費用を、旅行をした者を通じて支出しているものですので、その旅行に通常必要であると認められる部分の金額は、課税仕入に係る支払対価となります。

しかし、通常必要と認められる金額を超える部分や単身赴任者が帰

省するために支給する旅費など職務の遂行に必要な旅行の費用とは認められない旅費は、給与に該当する支出であることから課税仕入とすることはできません（消基通11－2－1）。

⑥　海外出張に係る旅費等

海外出張に係る費用を課税仕入としていたもの

⇒　海外出張における旅費、宿泊費、食事、日当等の費用は、輸出免税や国外取引に該当するため課税仕入には該当しません。

　　ただし、海外出張の際の国内鉄道運賃や国内宿泊費等課税仕入に該当する部分で、他の海外出張費用と区分しているときは、その部分については仕入税額控除の対象となります。

（交際費等）

⑦　商品券、ビール券等の購入費用や香典、見舞金、お祝い金

商品券、ビール券等の購入費用や香典、見舞金、お祝い金等を課税仕入としていたもの

⇒　ビール券、商品券等の物品切手の購入は非課税とされ（消法6①）、後日、その商品券等を使って商品の購入をしたり、サービスの提供を受けた際に課税仕入とすることができます。

　　このため、商品券等を贈答した場合には、その商品券等を使って商品の購入等をしていませんので、課税仕入とすることはできません。

　　また、香典、見舞金、お祝い金等も資産の譲渡等の対価として支払われるものではないため、仕入税額控除の対象となりません。

⑧　飲食料品を購入している場合における軽減税率適用

会議費、交際費として飲食料品を購入している場合に、軽減税率対象品目として区分経理していなかったもの

⇒　会議費、交際費として飲食料品（酒類を除きます。）を購入してい

る場合は、消費税等の額の計算上、軽減税率対象品目の経費として区分経理する必要があります（所得税法等の一部を改正する法律［平成28年法律第15号］附則34）。

（寄附金）

⑨　物品による寄附

　パソコンを購入するための資金を地元の小学校に寄附したが、その額を課税仕入の対象としていたもの、また、自社でパソコンを購入し、地元の小学校に寄附した費用を課税仕入の対象としていなかったもの（認容）

⇒　現金を寄附した場合には、仕入税額控除の対象となりませんが、物品を取得してその物品を寄附した場合で、その物品の取得が課税仕入に該当するときは、その課税額は仕入税額控除の対象となります。

（支払手数料）

⑩　クレジット手数料

　信販会社へ支払うクレジット手数料を課税仕入としていたもの

⇒　信販会社へ支払うクレジット手数料は、包括信用購入あっせん又は個別信用購入あっせんに係る手数料又は賦払金のうち利子に相当する額であり非課税となりますので、課税仕入とすることはできません（消基通6－3－1）。

⑪　キャンセル料、解約損害金

　予約の取消し、契約変更等に伴って支払ったキャンセル料や解約損害金を課税仕入としていたもの

⇒　予約の取消し、契約変更等に伴って支払うキャンセル料や解約損害金等は、逸失利益等に対する損害賠償金であり、役務の提供の対価に

は該当せず、資産の譲渡等の対価として課税仕入とすることはできません。

なお、解約手数料、取消手数料などは資産の譲渡等に係る契約の解約等の請求に応じ、対価を得て行われる役務の提供の対価であることから、課税仕入とすることが可能です。

ただし、損害賠償金としての性格を有する部分と手数料的性格を有する部分とを一括して支払っており、両社が判然と区分できない場合は、全体として資産の譲渡等に該当しないものとして取り扱われ、課税仕入とすることはできません。

（会費）

⑫　会費

同業者団体に係る通常会費を課税仕入としていたもの

⇒　同業者団体、組合等に係る会費等については、その団体等としての通常の業務運営のために経常的に要する費用を分担させ、その団体等の存立を図るというような性質の会費（通常会費、一般会費等）については、通常、役務の提供に係る対価に該当しないものとされています（消基通5-5-3）。

ただし、名目が会費等であっても、それが実質的に購読料、映画・演劇等の入場料、研修受講料、施設利用料等と認められるときは仕入税額控除の対象となります。

（租税公課）

⑬　交通反則金、レッカー移動料、車両保管料

駐車違反に係る交通反則金、レッカー移動料、車両保管料を仕入税額控除の対象としていたもの

⇒ 交通反則金はもとより、レッカー移動料、車両保管料についても仕入税額控除の対象とはされません。これは、レッカー移動料や車両保管料は、往来の妨げとなる違法駐車車両を移動しなければならないことに対する一種の損害賠償金であるという考え方によるものです。

⑭ 軽油引取税、ゴルフ場利用税、入湯税

軽油引取税、ゴルフ場利用税、入湯税を課税仕入の対象としていたもの

⇒ 消費税等の対象となる課税資産の譲渡の対価の額には、酒税、たばこ税、揮発油税等は含まれますが、軽油引取税、ゴルフ場利用税、入湯税は利用者等が納税義務者となっているという理由から対価の額には含まれません（消基通10－1－11）。

（建設仮勘定、未成工事支出金）

⑮ 建設仮勘定

建設仮勘定として計上した金額のうち役務の提供が完了した部分を、課税仕入の対象としていなかったもの（認容）

⇒ 消費税等においては、役務の提供等が完了しているかどうかにより仕入税額控除の可否が決定されます。

したがって、建設仮勘定の中に役務の提供が完了している工事に係る対価が含まれていれば、その工事の対価は仕入税額控除の対象となります。

⑯ 工事前払金、手付金

工事に係る前払金、手付金を仕入税額控除の対象としていたもの

⇒ 工事に係る前払金、手付金を支出したとしても、役務の提供がまだ完了していない場合、その支出時点では仕入税額控除は認められません。

（前払費用）

⑰　前払費用

　　前払費用を支払時の課税仕入としていたもの

⇒　役務の提供に係る課税仕入は、役務の提供が完了した日を含む課税
　　期間に行われたこととなるため、前払費用（一定の契約に基づき継続
　　的に役務の提供を受けるために支出した課税仕入に係る支払対価のう
　　ちその課税期間の末日においてまだ提供を受けていない役務に対応す
　　るもの）については、支払時の課税仕入とすることはできません。

　　　ただし、法人税基本通達2−2−14に規定する「短期の前払費用」
　　の取扱いの適用を受けている場合には、その支払時点で課税仕入とす
　　ることができます（消基通11−3−8）。

（仕入税額控除額の算定）

⑱　低廉取得

　　親会社から資産を低額で譲り受け、受贈益を計上した場合に、受贈益
　計上後の金額を仕入税額控除の対象としていたもの

⇒　消費税等の課税標準となる譲渡対価の額は、対価として「収受すべ
　　き額」であるとされています（消法28①）。

　　　この「収受すべき額」はその資産の時価ではなく、その譲渡により
　　当事者間で授受することとした対価の額をいいます。

⑲　車両買換えの際の下取額

　　車両等の買換えを行った場合に、販売額から下取額を控除した金額を
　課税仕入の金額としていたもの

⇒　車両等の買換えにおいては、課税資産の譲渡等と課税仕入の2つの
　　取引が同時に行われていますので、それぞれ別個の取引として取り扱
　　う必要があります（消基通10−1−17）。

⑳　課税事業者から免税事業者になった場合

　翌期は免税事業者になるにもかかわらず、期末の棚卸資産に係る仕入を仕入税額控除の対象としていたもの

⇒　課税事業者が免税事業者になった場合、免税事業者となる課税期間直前の課税期間中に課税仕入を行った棚卸資産のうち、期末保有分に係る消費税等の額については、その期の仕入税額控除対象税額から控除する必要があります（消法36⑤）。

　逆に、免税事業者が課税事業者になった場合、課税事業者になった課税期間の期首に保有する棚卸資産のうち、免税事業者であった期間に仕入れたものについては、課税事業者となった課税期間においての仕入税額控除が認められます（消法36①）。

（課税売上割合）

㉑　課税売上割合が95％未満の場合

　課税期間の課税売上高が５億円以下の法人が、土地を売却し課税売上割合が95％未満となっているにもかかわらず、課税仕入税額全額を控除対象としていたもの

⇒　課税売上割合が95％未満となった場合には、課税仕入税額の全額が控除対象となりません（消法30①②）。

　課税期間中に土地を売却したり、住宅の貸付事業を新たに開始した課税期間においては、課税売上割合が95％未満となっていないかをチェックする必要があります。

㉒　有価証券の売却

　有価証券売却額の５％相当額を、課税売上割合算定における計算式の分母に含めていなかったもの

⇒　課税売上割合算定の際、有価証券売却額の５％相当額を考慮にいれ

ていなかったという事例がよく見受けられますので、注意が必要です（消令48⑤）。

（4） 簡易課税制度

① 簡易課税制度選択の要件

基準期間の課税売上高が5,000万円超であるにもかかわらず、簡易課税制度を適用していたもの

⇒ 簡易課税の適用上限は基準期間の課税売上高5,000万円です（消法37①）。

② 簡易課税制度の取りやめ

前事業年度に初めて簡易課税制度を選択したにもかかわらず、当事業年度において簡易課税を取りやめ、原則課税方式により消費税の計算を行おうとしていたもの

⇒ いったん簡易課税制度を選択してしまうと、事業を廃止した場合を除き、2年間継続して簡易課税を適用しなければ、その適用をやめることは認められません（消法37⑥）。

③ 兼業の場合におけるみなし仕入率の適用

卸売業に係る課税売上高70％、小売業に係る課税売上高30％の兼業法人が、全課税売上につき卸売業のみなし仕入率を適用していたもの（参考：卸売業のみなし仕入率90％、小売業のみなし仕入率80％）

⇒ 2種以上の事業に係る課税売上がある場合、特定の1種類の事業に係る課税売上高が総課税売上高の75％以上を占める場合には、すべての課税売上について、その75％以上を占める事業に係るみなし仕入率を適用することができます（消令57③）。

（5）　申告書、各種届出書の提出等

（簡易課税制度選択届出書）

① 　簡易課税制度選択届出書の提出期限

　「消費税簡易課税制度選択届出書」を簡易課税により計算した申告書と同時に提出していたもの

⇒ 　「消費税簡易課税制度選択届出書」は、適用する課税期間開始前に提出する必要がありますので、課税期間開始前までに、その課税期間について簡易課税により申告するか否かの意思決定を行う必要があります（消法37①）。

② 　簡易課税制度選択届出書提出の効果

　基準期間の課税売上高が5,000万円以下の法人が、過去において「消費税簡易課税制度選択届出書」を提出しているにもかかわらず、原則課税により申告を行っていたもの

　また、簡易課税制度を適用している法人が、「消費税簡易課税制度選択不適用届出書」を提出することなく、原則課税による申告書を提出していたもの

⇒ 　簡易課税を選択すると、その効果は「消費税簡易課税制度選択不適用届出書」を提出するまで消滅しません。

　したがって、基準期間の課税売上高が簡易課税を選択できない5,000万円超の事業年度でも、簡易課税を選択しているという効果は潜在的に残っており、その後、基準期間の課税売上高が再び5,000万円以下となった場合には簡易課税による申告を行う必要があります（消法37⑤）。

③ 　課税事業者選択届出書

　免税事業者に該当する法人が「消費税課税事業者選択届出書」を提出することなく消費税の還付申告を行っていたもの

⇒ 免税事業者については、「消費税課税事業者選択届出書」を課税期
間開始前までに提出しない限り、消費税等の申告は認められないこと
になります（消法9④）。

④ 消費税の申告期限延長

法人が、法人税の申告において申告期限延長の承認を受けているとい
う理由により「消費税申告期限延長届出書」を提出せず、消費税等の申
告を決算日から3か月後に提出していたもの

⇒ 消費税申告書の提出期限は、原則として課税期間終了後2か月以内
とされています。

これは、法人税と異なり、税額計算を、確定した決算すなわち株主
総会により承認された決算書に基づき行う必要がないためです。

ただし、法人税の申告期限の延長の特例の適用を受けている法人
が、適用を受けようとする事業年度終了の日の属する課税期間の末日
までに「消費税申告期限延長届出書」を提出している場合にはその申
告期限が1か月延長されます。

Column16-1　消費税等における納税義務者

1　納税義務者

　国内取引における消費税等の納税義務者は、事業として、資産の譲渡や貸付け、役務の提供を行った事業者です。この事業者とは、法人と個人事業者（事業を行う個人）とをいいます。

2　納税義務が免除される法人

　基準期間（事業年度が1年である法人の場合、その事業年度の前々事業年度）における課税売上高が1,000万円以下の事業者は原則として消費税等の納税義務が免除されます。

　この課税売上高は、輸出取引なども含めた消費税等の課税取引の総額から返品を受けた金額や売上値引き、売上割戻しなどを差し引いた金額で、消費税額と地方消費税額は含まないこととされています。

　なお、免税事業者の場合は、その基準期間である課税期間中の課税売上高には、消費税等が課税されていませんから、税抜きの処理を行わない売上高で判定します。

3　特定期間による判定

　その課税期間の基準期間における課税売上高が1,000万円以下であっても特定期間（法人の場合、原則として、その事業年度の前事業年度開始の日以後6か月の期間）における課税売上高が1,000万円を超えた場合、その超えた課税期間から課税事業者となります。

　なお、特定期間における1,000万円の判定は、課税売上高に代えて、給与等支払額の合計額により判定することもできます。

4　基準期間がない法人の納税義務の免除の特例

　新たに設立された法人については、設立当初の2年間は基準期間が存在しないことから、原則として免税事業者となります。

　ただし、その事業年度の基準期間がない法人のうち、その事業年度開始の日における資本金の額又は出資の金額が1,000万円以上である法人や特

定新規設立法人に該当する法人の場合、その基準期間のない事業年度については、納税義務は免除されません。

　なお、「特定新規設立法人」とは、その事業年度開始の日において特定要件（他の者に出資総額の50%超を保有されているなど）に該当し、さらにその新規設立法人が特定要件に該当する旨の判定の基礎となった他の者及び他の者と特殊な関係にある法人のうちいずれかの者の課税売上高が5億円を超える法人をいいます（イメージとしては、課税売上高が5億円超の法人が設立した子会社など）。

5　選択による課税事業者

　免税点以下の事業者であっても、選択により課税事業者となることができます。

　この場合、原則として課税事業者になろうとする課税期間の前の課税期間中に、納税地の所轄税務署長に「消費税課税事業者選択届出書」を提出することが必要です。

Column16-2

消費税等における不課税取引、非課税取引、免税取引

1　消費税等の課税対象となる取引と不課税取引

　消費税等は、原則として①国内において、②事業者が、③事業として対価を得て行う、④資産の譲渡や貸付け・役務の提供に係る取引、及び輸入取引がその課税対象となります（消法4①）。

　したがって、これらの要件に該当しない取引は消費税等の課税対象とされない取引、すなわち不課税取引となります。

　不課税取引の具体例としては、海外で行われた取引、給与の支払い、出資に対する配当、寄附や贈与、税金や罰金・損害賠償金の支払いなどがあります。

2　非課税取引

　次に非課税取引ですが、上記1の課税取引の要件を満たしているが、消費に負担を求めるという消費税の性格になじまないもの、社会政策的配慮から課税取引としないものをいいます（消法6①）。

　非課税取引は法定されており、次のようなものが非課税取引とされています。
（1）　消費税等の性格になじまないもの

　土地の譲渡や貸付け、有価証券等の譲渡、紙幣・硬貨・小切手・約束手形等の支払手段の譲渡、郵便切手・金券などの物品切手・収入印紙の譲渡、国等が行う一定の事務に係る役務の提供など
（2）　社会政策的配慮から課税取引としないもの

　住宅の貸付け、社会保険医療の給付、介護保険サービスの提供、助産、火葬料や埋葬料、学校教育に係る費用など

3　免税取引

　これは、輸出取引に係るものです。輸出取引は資産の譲渡等にあたりますが、その相手方は海外であり、海外で消費される輸出物品を我が国の課税対象とすることはできませんので、消費税率が0％である取引として取

り扱われます（消法７①）。

4　３つの取引を区分する理由

　これら３つの取引は消費税等が課されない取引という点では同じですが、納付すべき消費税等の額を計算する際における個別対応方式による仕入税額控除額の計算においてその取扱いが異なってきます。

　通常は、課税取引のために行った仕入については、その仕入に係る消費税等の額を控除することが可能ですが、非課税取引のために行った仕入については、原則としてその仕入に係る消費税等の額を控除することはできません。免税取引については、消費税率が０％である取引とされていますので、その仕入に係る消費税等を控除することが可能となります。

　また、仕入税額控除額の計算において必要となる課税売上割合の計算（注）においても、その取引が上記３つの取引のどれに該当するのかということが重要となってきます。

（注）　課税売上割合は、原則として次の算式により計算されます。

・課税売上割合 ＝ $\dfrac{[課税取引高＋免税取引高]}{[課税取引高＋免税取引高＋非課税取引高]}$

Column16-3　　　　　　　**簡易課税制度**

1　簡易課税制度とは

　簡易課税制度は小規模な事業者の消費税事務の負担を軽減するために設けられた制度です。

　納付すべき消費税等の額は、原則として、課税売上に係る消費税等の額から実際の課税仕入れに係る消費税等の額（仕入控除税額）を控除して算定します。しかし、簡易課税制度における仕入控除税額は次の【算式】のように、簡便的に課税売上に係る消費税等の額に一定率（みなし仕入率）を乗ずることにより算定されます。

【算式】

［納付税額］＝［課税売上に係る消費税額］－
　　　　　　　　　　［課税売上に係る消費税額×みなし仕入率(40%～90%)］

　簡易課税制度は基準期間（通常はその課税期間の前々年の課税期間）の課税売上高が5,000万円以下の事業者が選択適用できます。

2　みなし仕入率

　簡易課税制度に用いられるみなし仕入率は業種別に定められており、具体的には次のとおりです。

・第1種事業（卸売業）：90%
・第2種事業（小売業、農業・林業・漁業《飲食料品の譲渡に係る事業に限る》）：80%
・第3種事業（農業・林業・漁業《飲食料品の譲渡に係る事業を除く》、鉱業、建設業、製造業、電気業、ガス業、熱供給業及び水道業）：70%
・第4種事業（第1種事業、第2種事業、第3種事業、第5種事業及び第6種事業以外の事業《例えば飲食店業》）：60%
・第5種事業（運輸通信業、金融業及び保険業、サービス業《飲食店業に該当するものを除く》）：50%
・第6種事業（不動産業）：40%

3　簡易課税制度の適用を受けるための手続き

　簡易課税制度の適用を受けるためには、適用しようとする課税期間の前日までに、税務署長に「消費税簡易課税制度選択届出書」を提出する必要があります。

　なお一旦、簡易課税制度を選択した事業者は、原則として、その後2年間は実額計算（原則課税）による仕入税額控除に変更することはできないこととされています。

4　簡易課税制度適用のメリット、デメリット

　一般的には、実額による消費税額計算より簡易課税による計算の方が有利になる場合が多いようです。

　しかし、簡易課税制度では、消費税が還付されるということはありません。多額の設備投資を行った年度などにおいては、簡易課税制度を選択するより実額計算により仕入税額控除を行った方が還付が生じて有利な場合も考えられます。

Column16-4　　外注費か給与かの区分

　製造業や建設業等を営む法人が、ある者（個人）から作業等の役務提供を受ける場合、その役務提供に対する対価が、請負契約に基づくものなのか（外注費）、あるいは雇用契約に基づくものなのか（給与）により、所得税や消費税等における課税関係が異なってきます。

1　所得税について

　個人に対して支出する役務提供の対価が、請負契約に基づくものであれば、その対価を受けた者は事業所得となりますが、雇用契約に基づくものであれば給与所得となります。

　また、雇用契約に基づくものであれば、その対価を支払った側にはその給与について源泉徴収義務が生じます。

2　消費税等について

　その対価が、請負契約に基づくものであれば、その対価は、資産の譲渡等の対価に該当して課税取引となり、支払った側では仕入税額控除が認められますが、雇用契約に基づくものであれば認められません。

3　税務調査における影響

　税務調査においても、両者の区分はよく問題となり、例えば、支払った法人等が請負契約に基づく外注費であるとして処理していたものを、調査により、雇用契約に基づく給与であると認定された場合、支払った側の消費税等における仕入税額控除が否認されるとともに、給与に係る源泉所得税の徴収漏れを指摘されることになります。

4　両者を判定する基準

　両者の区分が明らかでない場合には、例えば、以下の①～④等の事項を総合勘案して判定することになります。
① 　その契約に係る役務の提供の内容が他人の代替を許容するか
　　⇒許容する場合：請負（外注費）、許容しない場合：雇用（給与）
② 　役務の提供に当たり支払った側が指揮監督をしているか

　　　⇒指揮監督していない場合：請負、指揮監督している場合：雇用
③　引渡し未了の完成品等が不可抗力のため滅失した場合等においても、
　既に提供した役務に係る報酬の請求ができるか
　　　⇒請求ができない場合：請負、請求できる場合：雇用
④　役務の提供に係る材料又は用具等を支払った側が供与しているか
　　　⇒供与していない場合：請負、供与している場合：雇用

第17章

源泉所得税

源泉所得税における調査ポイント

① 毎月の源泉徴収税額の計算は正当か
② 年末調整の計算は正当か
③ 経済的利益や現物給与について課税漏れはないか
④ 報酬料金について源泉徴収漏れはないか
⑤ 退職金についての源泉徴収の計算は適正か
⑥ 非居住者に対する支払いについて源泉徴収漏れはないか
⑦ 海外勤務者に対する源泉徴収は適正に行われているか
⑧ 架空人件費の計上はないか

17-1 源泉所得税についての目のつけどころ

 源泉所得税に係る調査はどのように進められますか。また、調査のポイントにはどのようなものがありますか。

源泉所得税の調査は、資本金1億円未満の税務署所管法人については、原則として、税務署による法人税や消費税、印紙税の調査と同時に行われます。

一方、資本金１億円以上の国税局調査部（課）所管法人や支店、工場等の事業所単位で源泉所得税の納付を行っている法人については、その納税地所管の税務署により単独で行われます。

源泉所得税に係る調査の進め方及び調査ポイントとしては次のようなものが考えられ、法人側もこれに対応した事前チェックが必要となります。

（1） 毎月の源泉徴収税額の計算は正当か

各人の毎月の給与に係る源泉徴収税額が適正かどうかにつき、源泉徴収簿、扶養控除等申告書、税額表等から検討が行われます。

その際、非課税限度額を超える通勤手当を支給している場合、その超える部分につき適正に課税が行われているかどうかについても検討が行われる場合が多いようです。

また、甲欄を適用して源泉徴収税額を計算している人については、その人から「給与所得者の扶養控除等（異動）申告書」が提出されているかどうかについても検討が行われ、提出がない場合には乙欄による税額計算が必要とされます（所法185①二）。

（2）　年末調整の計算は適正か

　扶養控除等申告書、保険料控除申告書から、配偶者控除、配偶者特別控除、扶養控除、社会保険料控除、生命保険料控除等のそれぞれの額が適正に計算されているかどうかを源泉徴収簿における年末調整の計算プロセスから検討し、年末調整における税額計算が適正に行われているかどうかにつき検討が行われます。

　具体的な検討事項としては、次のようなものが挙げられます。

① 　税額表による年末調整計算の検討

② 　生命保険料や地震保険料、社会保険料に係る控除証明書や住宅ローン控除における借入金残高証明書等の添付すべき証明書等の添付漏れはないかどうかについての検討（住宅ローン控除に係る年末残高証明書については、居住年が令和5年以後である者が、令和6年1月1日以後に行う年末調整から提出が不要となります。）

③ 　生命保険料控除額や地震保険料控除額の計算は適正かどうかについての検討（特に、生命保険料控除における一般分の新旧分と年金分の区分について注意が必要）

④ 　扶養控除等申告書に記載された配偶者や扶養家族の収入や年齢等から、控除対象となる配偶者や扶養家族に該当するか、該当するとすれば、その控除額は適正かどうかについての検討

（3）　経済的利益や現物給与について課税漏れはないか

　源泉所得税の調査において、最も中心となるのがこの項目です。

　法人が計上している経費科目の内容を経費帳、請求書、領収書等から検討し、従業員等に対する経済的利益や現物給与に該当する支出はないか、該当する場合は、その支出額につき給与所得として源泉徴収されているかどうかが検討されます。

　また、同族会社の場合、特に役員の個人的費用を会社が負担していないかについても重点的に調査が行われます。

　特に調査の対象となる勘定科目として、次のような科目が挙げられます。

① 給与

・課税対象となる各種手当、報奨金等につき課税漏れはないか

② 福利厚生費

・給食費の会社負担額は適正か

・永年勤続者、成績優秀者等に対する表彰金等のうち課税対象となるものはないか

・社内旅行費用やレクリエーション費用のうち課税すべきものはないか

③ 支払家賃、受取家賃

・社宅家賃を従業員から適正に徴収しているか（なお、適正な家賃の徴収額については310頁の「Column17-1　社宅家賃と給与課税」をご参照下さい。）

④ 支払利息、受取利息

・従業員に対して無利息貸付け、低利貸付けを行っていないか

⑤ 旅費交通費

・非課税限度額を超える通勤手当について課税がなされているか

・旅費交通費の精算は適正に行われているか

・いわゆるカラ出張はないか

⑥ 租税公課

・従業員等の個人が負担すべき所得税、住民税、固定資産税、交通反則金等を法人が負担していないか

⑦ 交際費等

・個人的な飲食費や贈答費を法人の交際費等としていないか

・いわゆる渡切交際費はないか

⑧　水道光熱費

・本来個人が負担すべき水道光熱費を法人が負担していないか

⑨　雑費

・その他個人的な費用を会社が負担していないか

⑩　会社と従業員等間の取引

・役員等からの資産の高価買入れはないか

・役員等への資産の低廉譲渡はないか

（4）　報酬料金について源泉徴収漏れはないか

　法人が支払う報酬料金（所法204条関係）についても、法人の経費勘定等から源泉徴収漏れがないかが検討されます。特に重点的に調査の対象となる科目として、次のような科目が挙げられます。

①　支払手数料、外注費

・工業所有権の使用料、著作権の使用料、デザイン料、原稿料等に対する支払いについて課税漏れはないか

・弁護士、司法書士、測量士、建築士、土地家屋調査士、個人の経営コンサルタント等に対する支払いについて課税漏れはないか

②　人件費

・ホステスに該当する者に対して、報酬料金に係る源泉所得税を徴収しているか

③　試験研究費

・工業所有権の使用料、技術士に対する報酬の支払い等につき源泉徴収が行われているか

④　広告宣伝費

・個人事業者に対するデザイン料、原稿料、著作権使用料、挿絵・写

真・吹込み等の報酬に対する支払いについて課税漏れはないか

・広告宣伝のために支払う賞金等の支払いに対して源泉徴収が行われているか

⑤　雑費

・社員研修における外部講師への謝礼金の支払いについて課税漏れはないか

（5）　退職金についての源泉所得税額の計算は適正か

退職金に係る源泉所得税額計算の適否については、

①　退職金を支払った際、受給者から「退職所得の受給に関する申告書」が提出されているか（なお、その提出がない場合には、退職金の支払金額の20.42％を源泉徴収する必要があります（所法201③）。）

②　勤続年数に応じて計算される退職所得控除額の計算は正しいか

③　退職所得額の計算が、一般退職手当等、特定役員退職手当等、短期退職手当等に区分して正しく行われているか。

　　なお、退職所得額の計算については、317頁の［Column17-5　退職所得額の計算］をご参照下さい。

④　退職所得として源泉徴収をしているが、退職により支給されたものではなく、賞与に該当し、給与所得としての源泉徴収を行う必要があるものはないか

というような点を中心に調査が進められます。

（6）　非居住者に対する支払いについて源泉徴収漏れはないか

例えば、非居住者や外国法人が行った、国内での役務提供に対して手数料等を支払う場合、その手数料等の支払いにつき源泉徴収が必要とされる場合があります。

非居住者等に対する人的役務の提供の対価、給与、不動産の賃貸料、利子、配当、使用料、土地等の譲渡対価等の支払いについて源泉徴収漏れはないかどうかということが検討されます。

（7）　海外勤務者に対する源泉徴収は適正に行われているか

海外で勤務する者や新たに海外勤務となった者に対する国内勤務分に対する給与の支払いについては、非居住者に対する源泉徴収に係る規定が適用される場合がありますので、そのような者に対する源泉徴収は適正に行われているかということが検討されます。

（8）　架空人件費の計上はないか

源泉所得税の調査は、法人が計上した人件費を中心に行われることになります。

したがって、不審な人物に対する支払いや、支給状態が不自然な給与の支払いの事実が明らかになった場合、源泉所得税の検討から、法人税（架空人件費計上の有無及び人件費の計上の妥当性の検討）へ調査が広がる場合も考えられます。

17-2 源泉所得税の調査における否認事例及び誤りやすい事例

 源泉所得税の調査における否認事例及び誤りやすい事例には、どのようなものがありますか。

ご紹介する事例の中には基本的なものもありますが、税務調査の際に、問題点として指摘されるものが多く含まれています。

（1）　個人的費用の付替え

役員の個人的な費用に係る請求書、領収書等を書き換え、事務用品費として法人で処理していたもの

⇒　個人的費用の会社負担については、税務調査において指摘が多い項目であり、調査官は本例のような不正行為を想定して調査を進めます。

（2）　表彰金

成績優秀な従業員に対する表彰金を課税対象としていなかったもの

⇒　成績優秀社員に対する表彰金等を現金で支給する場合には、金額のいかんにかかわらず給与等（賞与）として源泉徴収が必要となります。

（3）　社宅家賃

従業員や役員に対し無償で社宅を貸し付けていたもの

⇒　会社が従業員や役員に対して社宅や寮などを貸し付けている場合において、税務上定められた「賃貸料相当額」より、その従業員等から

徴収している賃貸料の方が低い場合、その差額分は経済的利益とな
り、原則として、その従業員等に対する給与となります（310頁の
「Column17-1　社宅家賃と給与課税」参照）。

（4）　慰安旅行費用

　7泊8日の海外慰安旅行を実施したにもかかわらず、その旅行費用を
福利厚生費として処理し、参加者に対する給与等として課税していな
かったもの
⇒　次の3つの要件すべてを満たしていない慰安旅行費用については、
　経済的利益として課税する必要があります（昭63直法6－9）。
　①　その旅行に要する期間が4泊5日（目的地が海外の場合は、現地
　　における滞在日数）以内であること
　②　参加する従業員の数が全従業員の数（工場や支店等の単位で行う
　　場合には、その工場や支店等の従業員の数）の半数以上であること
　③　その旅行によって従業員の受ける利益の額があまりに高額でない
　　こと
　（316頁の「Column17-4　従業員レクリエーション旅行費用の会社負
担」もご参照下さい。）

（5）　慰安旅行不参加者に対する現金支給

　慰安旅行の不参加者に対し、旅行に代えて現金を支給している場合
に、旅行参加者に対する課税を行っていなかったもの
⇒　旅行の不参加者に対し、旅行に代えて現金を支給した場合、結果的
　に従業員は、旅行参加か現金支給かを選択できることになりますの
　で、全従業員について経済的利益があったものとして課税が行われる
　ことになります（所基通36－30（注））。

（6）　無利息貸付け、低利貸付け

　従業員に対して貸付けを行っているが、その貸付金に対する利息を徴収していなかったもの

⇒　法人が従業員に資金を貸し付ける場合、次に示す通常の利息相当額を徴収していないときは、通常の利息相当額と実際に徴収している利息との差額については、給与（経済的利益）として源泉徴収を行う必要があります（所基通36-28、36-49）。

①　法人が他から借り入れて貸し付けた場合：その借入金の利率

②　その他の場合：利子税特例基準割合（各年の前々年の９月から前年の８月までの各月における銀行の新規の短期貸付けの平均利率の合計を12で除して計算した割合として各年の前年11月末日までに財務大臣が告示する割合に年0.5％の割合を加算した割合（例えば令和４年中に貸付けを行ったものについては0.9％））による利率

　ただし、災害や疾病等により多額の生活資金が必要となった場合の貸付けや、その事業年度における利息相当額が5,000円以下と少額な経済的利益については課税されません（所基通36-28）。

（7）　昼食代の会社補助

　従業員１人当たり月額3,500円を超える昼食代を会社負担としている場合に、その超える部分のみを課税対象としていたもの

⇒　従業員に対する食事代の補助については、従業員が半額以上負担し、かつ、１人月額3,500円（消費税等の額を除きます。）以内の会社負担であれば非課税とされています（所基通36-38の２）。

　ただし、この規定は非課税限度額を定めたものではありませんの

で、会社負担額が3,500円を超えた場合、会社負担額全額が課税対象
となります（312頁の「Column17-2　食事の支給に係る源泉所得税の
取扱い」をご参照下さい。）。

（8）　永年勤続者に対する旅行券支給

　永年勤続記念として旅行券を支給したが、その使用状況を管理してい
なかったもの

⇒　旅行券は有効期限の定めがなく、換金も可能なので、原則として、
　給与等として課税が必要です。

　　ただし、旅行券支給後相当期間内（おおむね1年程度）にその旅行
　に係るホテルの領収書等で旅行券の使用状況を確認している場合には
　課税しなくて差し支えありません（昭60直法6－4）（314頁の
　「Column17-3　永年勤続者に対する記念品の支給」をご参照下さい。）。

（9）　定年退職者に対する慰安旅行費用

　定年退職者に対する慰安旅行費用を、退職を機会として行っているこ
とから、退職所得として課税していたもの

⇒　この費用は、永年勤続表彰制度と同様の内容に基づくものであり、
　社会通念上相当と認められるものについては課税しなくてもよいと考
　えられます。

（10）　役員給与の受領辞退

　業績悪化のため未払いであった役員給与の受領を辞退した際、その辞
退額につき源泉徴収していなかったもの

⇒　給与等の支払者が、源泉徴収の対象となる給与等の未払金につき債
　務免除を受けた場合、その免除を受けた時点で支払いがあったものと

して源泉徴収を行うこととされています。

　ただし、給与等の本来の支給日前に受領を辞退した場合や、次のような特殊事情の下において受領を辞退した場合には、源泉徴収しなくて差し支えないものとされています（所基通28−10、181〜223共3）。

①　特別清算開始の命令を受けたこと
②　破産手続、再生手続、更生手続開始の決定を受けたこと
③　業績不振のため会社整理の状態に陥り、債権者集会等の協議により債務の切捨てを行ったこと

(11)　未払役員賞与、未払配当に対する課税

　1年以上未払いとなっている役員賞与や配当につき、その支払いがないという理由で源泉徴収を行っていなかったもの

⇒　役員賞与、配当金が、その確定日から1年を経過した日までに支払いがない場合には、その1年を経過した日において支払いがあったものとみなして源泉徴収が必要となります（所法181②、183②）。

(12)　短期アルバイトに対する課税

　あらかじめ雇用期間が2か月以内と定められているアルバイトに対する給与に適用する源泉徴収税額を、月額表又は日額表の乙欄を適用して計算していたもの

⇒　雇用期間があらかじめ2か月以内と定められている者に支給する給与で、労働した日又は時間によって算定されるものについては、日額表の丙欄を適用して源泉徴収税額を計算します。

(13)　扶養控除等申告書提出の有無

　長期のアルバイトに対して支払った給与に係る源泉徴収税額の計算を

甲欄で行っているにもかかわらず、そのアルバイトから扶養控除等申告書を徴していなかったもの

⇒ 甲欄で源泉徴収を行うためには、その使用人等から扶養控除等申告書を徴する必要があります（所法185①一）。

　これは、源泉徴収事務の基本ですが、実際の税務調査においては、扶養控除等申告書が提出されていない場合が多く見受けられ、乙欄による計算により追徴課税が行われる場合があります。

(14)　保険料控除証明書の提出

年末調整において、生命保険料控除を行っているにもかかわらず、保険料控除申告書に保険料支払いの事実を証明する証明書の添付がなかったもの

⇒ 年末調整において、生命保険料控除や地震保険料控除、社会保険料控除（国民年金等に係るもの）の適用を受ける場合には、原則として、保険料支払いの事実を証明する証明書を保険料控除申告書に添付する必要があります（所法196②）。

　これらの証明書の添付漏れが税務調査において指摘される場合が少なからずあります。

(15)　中途採用者に対する年末調整

前の勤務先がある中途入社者に対し当社支給分のみで年末調整を行っていたもの

⇒ この場合、前の勤務先発行の源泉徴収票を提出させて当社支給分と合計して年末調整を行う必要があります。

　なお、前の勤務先の源泉徴収票の提出がない場合には、当社支給分のみで年末調整を行うことはできません。

(16)　海外勤務役員の給与に対する源泉徴収

　海外支店で長期間勤務している役員に対して支給した給与等につき源泉徴収をしていなかったもの

⇒　内国法人の役員として国外で勤務する場合には、その勤務は国内において行う勤務に含まれます。

　　したがって、その役員に対して支給された給与等は国内源泉所得となり、源泉徴収の必要があります（租税条約に別段の定めがある場合を除きます。）（所令285①）。

　　なお、次に該当する場合、その勤務は、国内における勤務には含まれません（所基通161－42、161－43）。

　　①　内国法人の役員兼海外支店長のように、内国法人の使用人として海外支店等で常時勤務する場合

　　②　内国法人の役員が国外にあるその法人の子会社に常時勤務する場合

(17)　国内勤務期間に係る賞与に対する源泉

　年の中途で3年間の海外支店勤務となった従業員に対し、転勤後本社で支給された賞与の中に国内勤務期間に係る部分があるにもかかわらず、その部分につき源泉徴収を行っていなかったもの

⇒　非居住者が支払いを受ける給与や賞与などのうち、国内において行う勤務や人的役務の提供に起因するものがあればその部分については、国内源泉所得として源泉徴収が必要です（所基通161－41）。

　　すなわち、次の算式により計算した額については、非居住者に対するものとして20.42％の税率による源泉徴収が必要となります。

（賞与の総額）×（国内勤務期間÷賞与の総額の計算の基礎となった期間）

なお、その他の部分については源泉徴収の必要はありません。

(18)　デザイン料、原稿料等に対する源泉徴収

個人に対して支払った、デザイン料、原稿料、講演料、経営コンサルタント料につき報酬料金として源泉徴収を行っていなかったもの

⇒　このような報酬料金については10.21％（1回の支払いが100万円を超える場合、その超える部分については20.42％）の源泉徴収が必要です（所法204）。

調査においては、スポットで支払われた報酬料金についての源泉徴収漏れがよく見受けられますので注意が必要です。

(19)　法人に対して支払う報酬料金

法人組織である設計事務所等に対して支払う設計料等の報酬について誤って源泉徴収していたもの

⇒　法人に対する報酬料金の支払いについては源泉徴収する必要はありません。

誤って源泉徴収をした場合には、所轄税務署長に誤納還付請求書を提出し、源泉税相当額の還付を受けることになります。

| Column17-1 | 社宅家賃と給与課税 |

　会社が従業員や役員に対して社宅や寮などを貸し付けている場合、税務上定められた「賃貸料相当額」より、その従業員等から徴収している賃貸料の方が低い場合、その差額分は経済的利益となり、原則として、その従業員等に対し給与課税が行われます。

1　従業員に対する場合

　従業員に社宅等を貸し付けている場合、次の算式により計算された額が「賃貸料相当額」とされます（所基通36-41、36-45）。

　なお、会社が他から借り受けた住宅等を社宅等として使用人に貸与する場合もこの算式によって「賃貸料相当額」を計算します。

　ただし、従業員については、その従業員から徴収している賃貸料が「賃貸料相当額」の50%以上である場合には、その差額については課税されません（所基通36-47）。

$$
\text{賃貸料相当額（月額）} = \left\{ \left(\frac{\text{その年度の家屋の固定}}{\text{資産税の課税標準額}} \times 0.2\% \right) + \left(12\text{円} \times \frac{\text{その家屋の総床面積（㎡）}}{3.3㎡} \right) \right\} + \left(\frac{\text{その年度の敷地の固定}}{\text{資産税の課税標準額}} \times 0.22\% \right)
$$

2　役員に対する場合

　役員に社宅等を貸し付けている場合は、次の（1）から（4）により「賃貸料相当額」を計算しますが、その額は従業員に対するものよりも高めに定められています（所基通36-40）。

（1）　会社所有の社宅等を貸し付けている場合

　次の算式により計算した金額が「賃貸料相当額」とされます。

$$
\begin{aligned}
\text{賃貸料相当額（月額）} = & \left[\left\{\begin{array}{l}\text{その年度の家屋の固定}\\\text{資産税の課税標準額}\end{array} \times 12\% \left(\begin{array}{l}\text{その建物の法定耐用年数が}\\\text{30年を超えるものは}10\%\end{array}\right)\right\}\right. \\
& \left. + \left\{\begin{array}{l}\text{その年度の敷地の固定}\\\text{資産税の課税標準額}\end{array} \times 6\%\right\}\right] \times \frac{1}{12}
\end{aligned}
$$

（2）　他から借り受けた住宅等を貸与している場合

　他から借り受けた住宅等を役員に貸与している場合は、①会社が支払う賃借料の50％相当額と、②その住宅等につき上記（1）の算式により計算した金額のいずれか多い金額が「賃貸料相当額」とされます。

（3）　社宅等が小規模住宅に該当する場合

　その社宅等の床面積が132㎡（その建物の法定耐用年数が30年を超えるものは99㎡）以下である場合には上記2（1）（2）によらず、上記1の従業員に対する場合の算式により計算した金額が「賃貸料相当額」とされます（所基通36－41）。

（4）　社宅等が豪華社宅に該当する場合

　上記2（1）～（3）によらず、その住宅等の利用につき通常支払うべき使用料の額（一般の賃貸住宅である場合に授受されると認められる賃貸料の額）が「賃貸料相当額」とされます。

　なお、豪華社宅であるかどうかは、床面積が240㎡超の社宅等のうち、取得価額、賃貸料、設備や内外装等の要素を総合勘案して判定されます。

　また、床面積が240㎡以下のものであっても、プール等があるなど、役員個人の嗜好が著しく反映されている社宅等については豪華社宅とされる場合も考えられます（平7課法8－1、課所4－4）。

Column17-2
食事の支給に係る源泉所得税の取扱い

1　役員や使用人に対し食事を支給した場合の課税

　会社等が役員や使用人に対し昼食などの食事を支給した場合、次の2つの要件をどちらも満たしていれば、その役員や使用人に対する給与として課税されることはありません（所基通36－38の2）。

（1）　役員や使用人が食事の価額の半分以上を負担していること。

（2）　会社負担額が1か月当たり3,500円（税抜き）以下であること。

　一方、この要件を満たしていなければ、会社負担額全額が給与として課税されます。

2　給与として課税されない食事負担額

　例えば、1か月の食事の価額が7,000円の場合、会社負担額が3,500円以下であれば、課税されませんが、会社負担額が3,500円を超えてしまうと、会社負担額全額が給与として課税されてしまいます。

　また、1か月の食事の価額が6,000円の場合には、会社負担額が3,000円を超えてしまうと、役員や使用人の負担額が食事の価額の半分未満となりますので会社負担額全額が課税対象となります。

3　食事の価額の評価

　食事の価額は次のように評価します。

（1）　仕出し弁当などを取り寄せて支給している場合

　業者に支払う金額

（2）　社員食堂などで会社が作った食事を支給している場合

　食事の材料費や調味料など食事を作るために直接かかった費用の合計額

（3）　自社の食堂で給食業者に調理を委託する場合

　会社等が、自社の食堂、調理場等の給食施設を給食業者に無償で使用させ、かつ、主食、副食等の材料を提供している場合には上記（2）の自社調理の食事とし、それ以外の場合には（1）の購入した食事として評価します。

4　残業時に支給される食事代等

　残業又は宿日直を行うときに支給する食事は、無料で支給しても給与として課税しなくてもよいことになっています。

　また、深夜勤務者に夜食の支給ができないために1食当たり300円（税抜き）以下の金額を支給する場合も課税されません。

Column17-3　永年勤続者に対する記念品の支給

1　課税の対象とならない要件

　会社が永年勤続者に対して記念品などを支給した場合、次の要件をいずれも満たしている場合には、給与として課税しなくてよいとされています（法基通36−21）。

①　その受ける利益の額が、その役員又は使用人の勤続年数などに照らし、世間一般で行われている（社会通念上相当と認められる）金額以内であること

②　勤続年数がおおむね10年以上の勤続者を対象としていること

③　2回以上表彰を受ける者については、おおむね5年以上の間隔をおいて行われていること

2　記念品等の支給に際し注意すべき事項

　この永年勤続に係る記念品等の支給の際は、次のような点に注意をする必要があります。

（1）　現金を支給する場合

　記念品に代えて現金を支給したり、商品券や株券など換金性の高いものを支給した場合にはその全額が給与として課税されます。

（2）　記念品を自由に選択できる場合

　永年勤続者が百貨店や通販業者などのカタログの中から記念品を自由に選択できるような支給方法をとる場合も、現金で支給するのと同様の効果をもたらすことになるため、給与として課税されます。

（3）　旅行券を支給する場合

　記念品として、旅行券を支給する場合がありますが、この場合も原則として給与として課税されます。

　ただし、旅行費用の負担であることを明らかにするために、①その旅行券を支給してから相当の期間内（おおむね1年以内）に旅行をし、かつ、②その旅行の事実を確認できる書類（旅行日、旅行先、旅行社への支払いなどが明らかになるもの）を備えている場合には、課税しないこととされています。

　税務調査においては、②の要件を満たされていないという指摘をされる場合が多く見受けられますので注意が必要です。

Column17-4
従業員レクリエーション旅行費用の会社負担

1 参加者に対する給与課税が行われない旅行の範囲

従業員に対し会社負担で慰安旅行などのレクリエーション旅行を行った場合、次の要件を満たせば、その旅行に要した費用は、原則として、その旅行参加者の給与として課税しなくてもよいとされています。

（1） 旅行期間が4泊5日以内であること。

なお、目的地が海外の場合には、目的地における滞在日数が4泊5日以内であることとされています。

（2） 旅行に参加した従業員等の数が全従業員等の数の50％以上であること。

なお、工場や支店ごとに旅行を行う場合は、それぞれの職場ごとの従業員等の数の50％以上が参加することが必要とされています。

2 金額面での留意点

上記1の取扱いは、従業員が受ける少額な経済的利益は強いて課税しないという少額不追及の趣旨のもと認められているものですので、あくまでも社会通念上一般に行われている旅行の範囲内に限られます。

したがって、その旅行費用の額があまりにも多額となるような場合は、課税の対象となる場合がありますので注意が必要です。

3 不参加者に対して金銭を支給した場合

上記いずれの要件も満たしている旅行であっても、自己の都合で旅行に参加しなかった人に金銭を支給した場合には、不参加者だけではなく、その旅行の参加者に対しても、不参加者に対する支給額と同じ額が課税されますので注意が必要です。

これは、不参加者に対して金銭を支給した場合、結果的に旅行に参加するか、金銭の支給を受けるかを選択できることになるという理由によるものです。

Column17-5　退職所得額の計算

退職所得額の計算（「退職所得の受給に関する申告書」の提出を受けて
いる場合）は、退職手当等の区分ごとにおおむね以下の表のように計算し
ます。

退職手当等の区分	退職所得金額
一般退職手当等の場合（注1）	（一般退職手当等の収入金額－退職所得控除額（注4））×1/2
特定役員退職手当等の場合（注2）	特定役員退職手当等の収入金額－退職所得控除額
短期退職手当等の場合（注3）	①短期退職手当等の収入金額－退職所得控除額 　≦300万円の場合 （短期退職手当等の収入金額－退職所得控除額） ×1/2 ②短期退職手当等の収入金額－退職所得控除額 　>300万円の場合 150万円＋｛短期退職手当等の収入金額－（300万円＋退職所得控除額）｝

（注1）　一般退職手当等とは、退職手当等のうち、特定役員退職手当等及
　　　　び短期退職手当等のいずれにも該当しないものをいいます。
（注2）　特定役員退職手当等とは、役員等としての勤続年数（以下「役員
　　　　等勤続年数」といいます。）が5年以下である人が支払を受ける退
　　　　職手当等のうち、その役員等勤続年数に対応する退職手当等として
　　　　支払を受けるものをいいます。
（注3）　短期退職手当等とは、短期勤続年数（役員等以外の者として勤務
　　　　した期間により計算した勤続年数が5年以下であるものをいい、こ
　　　　の勤続年数については、役員等として勤務した期間がある場合に
　　　　は、その期間を含めて計算します。）に対応する退職手当等として
　　　　支払を受けるものであって、特定役員退職手当等に該当しないもの
　　　　をいいます。

　なお、短期退職手当等については、令和4年1月1日以後に支払うべき退職手当等について適用されます。

（注4）　退職所得控除額は勤続年数により以下の表により計算します。

勤続年数（＝A）（注）	退職所得控除額
20年以下	40万円×A （80万円より少ない場合は80万円）
20年超	70万円×A－600万円

（注）勤続期間に1年に満たない端数があるときは1年に切上げ

Column17-6
源泉所得税の納付が遅れた場合の不納付加算税

1　源泉所得税の法定納期限と不納付加算税

　源泉所得税の法定納期限は、原則として、対象となる所得を支払った月の翌月10日（納期の特例の承認を受けている者は、7月10日と1月20日）とされています。

　この法定納期限までに源泉所得税を納付しなかった場合には、ペナルティとして本税の10％の不納付加算税が原則として課されます（5,000円未満は不徴収）。

　ただし、（1）本税を自主的に納付した場合であり、かつ、（2）その納付が税務調査等により納税の告知があることを予知して納付されたものでないときはその税率が5％に軽減されます。

2　不納付加算税が課されない場合

　期限後納付となったことについて「正当な理由」がある場合には、不納付加算税は課されません。

　「正当な理由」にあたるものとして、

（1）　従業員などが提出した、扶養控除等申告書、配偶者特別控除申告書、保険料控除申告書等をもとに行った控除が過大であった場合で、会社など源泉徴収義務者側の責めに帰すべき事由があると認められないとき

（2）　災害、交通・通信の途絶など、真にやむを得ない事由があると認められるとき

などが挙げられます。

3　うっかりミスによる期限後納付についての措置

　たまたま納付するのが遅れたという、いわゆる、うっかりミスによる期限後納付についても措置が施されており、（1）法定納期限から1か月を経過する日までに納付され、（2）さらに、法定納期限の前月末日から過去1年の間に、期限後納付や納税の告知（いずれも法定納期限までに納付

しなかったことについて正当な理由があると認められるものを除きます。）
を受けたことがない場合には、不納付加算税は課せられません。

　なお、不納付加算税が課されない場合でも、延滞税は課される場合があ
りますので、ご注意ください。

付録

大規模法人における税務上の要注意項目確認表
［令和4年2月版］（国税庁）

大規模法人における税務上の要注意項目確認表

確認対象事業年度		担当者	役職：
確認実施日			役職：

この確認表は、税務・決算処理について、誤りが生じやすいと認められる事項について取りまとめたもので、皆様が申告書を作成する前の自主的な確認に御活用いただくことを目的として作成しております。
確認表を御活用いただいた場合、会社事業概況書の「⑩ 申告書確認表等の活用状況」欄へその旨を記載いただくようお願いします。

税務に関する社内の体制・手続の整備状況		
・ 税務上の処理に疑義が生じる取引については、事業部門から経理担当部署へ連絡・相談される体制が整備されていますか。		□適 □否
・ 経理担当部署に税務知識を有する方（税理士資格保有者、税務担当経験者等）がいらっしゃいますか。		□適 □否
・ 処理誤りが生じないようマニュアル等を整備し、税務上の処理に疑義が生じる取引の把握や税務処理手続の明確化を行っていますか。		□適 □否

項目	No.	確認内容	解説	主な参考法令等	確認結果	確認結果が「否」の場合の対応（申告調整の有無等）
収益	1	収益認識基準（※）の適用対象となる資産の販売若しくは譲渡又は役務の提供（以下「資産の販売等」といいます。）に係る収益の額は、法基通２−１−１のただし書の場合を除き個々の契約ごとに計上していますか。 ※ 企業会計基準第29号「収益認識に関する会計基準」	収益認識基準の適用対象となる資産の販売等に係る収益の額は、原則として個々の契約ごとに計上する必要があります。ただし、同様の資産の販売等に係る契約について、同一の相手方等と同時期に締結した複数の契約を組み合わせて初めて単一の履行義務となる場合（例えばシステム開発を請け負った場合において、設計と開発テストとで別個の契約を結んでいるが、一の契約の中に複数の履行義務が含まれている場合（例えば一の契約の中に商品販売とこれに係る保守サービスの提供が含まれている場合）は、継続適用を条件に、これらの履行義務を単位として収益の額を計上することができます。 （注）1　収益認識基準は、次の①から⑥までを除き、顧客との契約から生じる収益に関する会計処理及び開示に適用します。（顧客との契約から生じるものではない取引（固定資産の売却等）には適用しません。） ①　企業会計基準第10号「金融商品に関する会計基準」の範囲に含まれる金融商品に係る取引 ②　企業会計基準第13号「リース取引に関する会計基準」の範囲に含まれるリース取引 ③　保険法における定義を満たす保険契約 ④　顧客等への販売を容易にするために行われる同業他社との商品又は製品の交換取引（例：石油会社の在庫交換） ⑤　金融商品の組成又は取得に際して受け取る手数料 ⑥　日本公認会計士協会会計制度委員会報告第15号「特別目的会社を活用した不動産の流動化に係る譲渡人の会計処理に関する実務指針」の対象となる不動産の譲渡 2　履行義務とは、顧客との契約において、「別個の財又はサービス（あるいは別個の財又はサービスの束）」又は「一連の別個の財又はサービス（特性が実質的に同じであり、顧客への移転のパターンが同じである複数の財又はサービス）」のいずれかを顧客に移転する約束をいい、次のいずれも満たす場合には、別個のものとします。 ①　当該財又はサービスから顧客が単独又は容易に利用できる他の資源を組み合わせて便益を享受できること ②　当該財又はサービスを顧客に移転する約束が、契約に含まれる他の約束と区分して識別できること	法基通２−１−１ 連基通２−１−１	□適 □否 □非該当	
	2	収益の計上基準に照らし、当事業年度に計上すべきであるにもかかわらず、翌事業年度に計上している収益の額はありませんか。	棚卸資産の販売に係る収益の額は、その引渡しがあった日の属する事業年度の益金の額に計上します。この引渡しの日は、例えば出荷した日、船積みをした日、相手方に届けた日、相手方が検収した日、相手方において使用収益ができることとなった日等当該棚卸資産の種類及び性質、販売に係る契約の内容等に応じ引渡しの日として合理的であると認められる日のうち貴法人が継続して収益計上を行うこととしている日をいいます。 また、請負による収益の額は、原則として、物の引渡しを要するものは目的物の全部を完成して相手方に引き渡した日、物の引渡しを要しないものは約した役務の全部を完了した日の属する事業年度の益金の額に計上します。この引渡しの日は、建設、造船その他これらに類する工事を行うことを目的とするものであるときは、例えば作業を結了した日、相手方の受入場所へ搬入した日、相手方が検収を完了した日、相手方において使用収益ができることとなった日等当該建設工事等の種類及び性質、契約の内容等に応じ引渡しの日として合理的であると認められる日のうち貴法人が継続して収益計上を行うこととしている日となります。	法法第22条の2 法法第81条の3 法基通２−１−２ 法基通２−１−21の7 法基通２−１−21の8 連基通２−１−２ 連基通２−１−21の7 連基通２−１−21の8	□適 □否 □非該当	
	3	収益の計上基準を変更した場合、その理由は合理的かつ適切ですか。	収益の計上基準は、棚卸資産又は役務提供の種類、性質、契約の内容等に応じて合理的な基準を選択し、継続適用する必要があります。 収益の計上基準が合理的かつ適切な変更であった場合には、変更後の計上基準は認められない場合があります。	法法第22条の2 法基通２−１−２ 法基通２−１−21の8 連基通２−１−２ 連基通２−１−21の8	□適 □否 □非該当	
	4	資産の販売等に係る収益の額について、当事業年度終了の日までに対価の額を合意していないときは、同日の現況により見積もっていますか。	資産の販売等に係る目的物の引渡し又は役務の提供の日の属する事業年度終了の日までにその対価の額を合意していない場合は、同日の現況によりその販売若しくは譲渡をした資産の引渡しの時における価額又はその提供をした役務につき通常得べき対価の額を適正に見積もる必要があります。 なお、法令第18条の2第1項の規定の適用を受ける場合を除き、その後確定した対価の額が見積額と異なるときは、その差額に相当する金額について、確定した日の属する事業年度の収益の額を減額又は増額します。	法法第22条の2 法令第18条の2 法基通２−１−１の10 連基通２−１−１の10	□適 □否 □非該当	

大規模法人における税務上の要注意項目確認表

項目	No.	確認内容	解説	主な参考法令等	確認結果	確認結果が「否」の場合の対応（申告調整の有無等）
収益	5	資産の販売等に係る収益の額について、資産の販売等の契約の対価が値引き、値増し、割戻し等により変動する可能性がある場合に、その変動する可能性がある部分の金額（以下「変動対価」といいます。）又はその算定基準を相手方に明示等していないにもかかわらず、変動対価を反映した会計上の収益の額のままにしていませんか。	資産の販売等に係る契約の対価について、値引き、値増し、割戻しその他の事実により変動する可能性がある場合、その変動対価を資産の販売等をした事業年度の収益の額に反映するためには、次に掲げる全ての要件を満たす必要があります。① 変動する可能性がある金額又はその算定基準（客観的なものに限ります。）を、相手方に明らかにしていること又は当該事業年度終了の日において内部的に決定していること。② 過去の実績を基礎とする等の合理的な方法のうち法人が継続して適用している方法により、又は変動の可能性又は算定基準の基礎数値を見積り、これに基づき変動額を算定していること。③ ①を明らかにする書類及び②の算定根拠となる書類を保存していること。なお、販売した棚卸資産に係る売上戻しについては、上記の取扱いを適用しない場合には、割戻し額を通知又は支払をした事業年度の収益の額から減額します。	法基通2-1-1の11 法基通2-1-1の11 法基通2-1-1の12 連基通2-1-1の12 法基通2-1-1の11 連基通2-1-1の12	□適 □否 □非該当	
	6	資産の販売等に係る収益の額について、金銭債権の貸倒れや資産の買戻しの可能性を反映した会計上の収益の額のままにしていませんか。	資産の販売等に係る収益の額には、貸倒れや返品の可能性がある場合においても、その影響を反映させることは出来ません。	法法第22条の2	□適 □否 □非該当	
売上原価	7	翌事業年度以降の収益等に対応する売上原価等を当事業年度に計上していませんか。	当事業年度の損金となる売上原価、完成工事原価その他これらに準ずる原価は、当事業年度の収益に対応するものであるため、翌事業年度以降の収益に対応する売上原価等は当事業年度の損金とはいきません。	法法第22条 法法第81条の3	□適 □否 □非該当	
	8	売上原価等が当事業年度終了の日までに確定していないときは、適正に見積もった金額を計上していますか。	当事業年度に計上した収益に対応する売上原価等の金額が当事業年度終了の日までに確定していない場合は、同日の現況により適正に見積もる必要があります。なお、当該収益に関連して発生する費用であっても、単なる事後的費用の性格を有するものは、売上原価等となるべき費用ではないことから、見積計上することはできません。	法基通2-2-1 連基通2-2-1	□適 □否 □非該当	
仕入割戻し	9	棚卸資産を購入した際の仕入割戻しについて、その算定基準が購入価額又は購入数量によっており、かつ、算定基準が明示されているにもかかわらず、仕入割戻しの金額の通知を受けた事業年度に計上していませんか。	棚卸資産を購入した際の仕入割戻しは、その算定基準が購入価額又は購入数量によっており、かつ、その算定基準が契約その他の方法により明示されている場合には、仕入割戻しの金額の通知を受けた日の属する事業年度ではなく、棚卸資産を購入した日の属する事業年度に計上する必要があります。なお、上記に該当しない場合には、その仕入割戻しの金額の通知を受けた日の属する事業年度に計上します。	法基通2-5-1 連基通2-5-1	□適 □否 □非該当	
役員給与	10	役員給与の損金算入額は、定款の定めや株主総会等の決議に基づき、適正に計算していますか。	役員給与の額が定款の規定又は株主総会、社員総会等の決議により定められた役員に支給することのできる給与の限度額を超える場合には、その超える部分の金額は、損金とはなりません。	法法第34条 法令第70条	□適 □否 □非該当	
	11	役員の個人的費用を負担するなど、役員に対して給与を支給したものと同様の経済的利益の提供はありませんか。	役員への資産の贈与、債務の免除、役員への無利息貸付け、役員の個人的費用の負担など役員に対して給与を支給したものと同様の経済的な利益をもたらすものは、役員給与に該当し、法法第34条に規定する定期同額給与、事前確定届出給与及び利益連動給与又は業績連動給与に該当しない場合には、損金とはなりません。	法法第34条 法基通9-2-9 連基通8-2-8	□適 □否 □非該当	
給与・賞与	12	損金経理したにもかかわらず事業年度末に未払となっている決算賞与等の臨時の賞与について、その支給額を同時期に支給する全ての使用人に対して個別に通知するとともに、事業年度終了の日の翌日から1月以内に通知どおりの金額を支払っていますか。	決算賞与等の臨時の賞与については、その支給額を同時期に支給する全ての使用人に対して個別に通知するとともに、当該通知をした全ての使用人に対し、当該通知をした日の属する事業年度終了の日の翌日から1月以内に通知どおりの金額を支払い、かつ、その支給額につき通知をした日の属する事業年度において損金経理している場合には、未払であっても当該通知をした日の属する事業年度の損金となります。なお、支給日に在職している使用人にのみ賞与を支給することとして通知をした場合には、当該事業年度の損金とすることはできません。	法令第72条の3 法基通9-2-43 連基通8-2-42	□適 □否 □非該当	
減価償却費	13	稼働を休止している製造設備などの事業の用に供していない資産に係る減価償却費を損金の額に算入していませんか。（法基通7-1-3又は連基通6-1-3に規定する「稼働休止資産」の取扱いの適用を受ける場合を除きます。）	事業の用に供していない資産は減価償却資産に該当せず、当該資産に係る減価償却費は損金とはなりません。例えば、購入後未稼働の資産や生産調整等のため稼働を休止している資産（必要な維持補修が行われており、いつでも稼働し得る状態にあるものは除きます）に係る減価償却費は、損金となりません。また、法令第133条に規定する少額の減価償却資産及び法令第133条の2に規定する一括償却資産についても、事業の用に供していなければ、損金とすることはできません。	法法第2条 法令第13条 法令第133条 法令第133条の2 法基通7-1-3 連基通6-1-3	□適 □否 □非該当	
	14	法令第133条の2に規定する一括償却資産の損金算入を適用している場合において、一括償却資産を除却した際に、未償却額の全額を損金としていませんか。	法令第133条の2に規定する同条の規定の適用を受けている場合には、その一括償却資産を事業の用に供した事業年度の各事業年度において滅失、除却等の事実が生じたときであっても、当該各事業年度における損金の額は、同条の規定に従い計算した損金算入限度額に達するまでの金額であるため、当該各事業年度における損金算入限度額を超えて、未償却額となっている取得価額の全額を損金とすることはできません。	法令第133条の2 法基通7-1-13 連基通6-1-16	□適 □否 □非該当	

大規模法人における税務上の要注意項目確認表

項目	No.	確認内容	解　　説	主な参考法令等	確認結果	確認結果が「否」の場合の対応（申告調整の有無等）
交際費等	15	福利厚生費等の中に、役員や従業員等の接待等のための支出が含まれていませんか。	交際費等の支出の相手方には、直接貴法人の営む事業に取引関係のある者だけでなく間接に貴法人の利害に関係ある者及び貴法人の役員、従業員、株主等も含まれます。	措法第61条の4 措法第68条の66 措通61の4(1)-22 措通68の66(1)-25	□適 □否 □非該当	
	16	売上割戻し等の中に、得意先に物品を交付するための費用や得意先を旅行等に招待するための費用が含まれていませんか。	法人がその得意先に物品を交付するための費用その得意先を旅行、観劇等に招待する費用は、その物品の交付又は旅行、観劇等への招待が売上割戻し等と同様の基準で行われるものであっても、交際費等に該当します。 ただし、交付する物品が得意先において棚卸資産として販売することや固定資産として使用することが明らかな場合又はその物品の購入単価がおおむね3,000円以下であり、かつ、その交付の基準が売上割戻し等の算定基準と同一であるときは、これらの物品を交付するための費用は、交際費等に該当しないものとすることができます。	措法第61条の4 措法第68条の66 措通61の4(1)-3 措通61の4(1)-4 措通68の66(1)-3 措通68の66(1)-4	□適 □否 □非該当	
	17	雑費の中に、新規店舗等の建設に当たり、周辺の住民の同意を得るための支出が含まれていませんか。	新規店舗等の建設に当たり、周辺の住民の同意を得るために、当該住民やその関係者を旅行等に招待し、これらの者に酒食を提供した場合は、そのために要した費用は交際費等に該当します。	措法第61条の4 措法第68条の66 措通61の4(1)-15 措通68の66(1)-18	□適 □否 □非該当	
	18	専ら役員や従業員の接待等のために支出した飲食費について、1人当たり5,000円以下であるとして交際費等から除いていませんか。	接待等のために支出するものであっても、飲食その他これに類する行為のために要する費用で、1人当たり5,000円以下のものは交際費等から除かれます（財務省令で定める書類を保存している場合に限り適用されます）。が、専ら貴法人の役員若しくは従業員又はこれらの親族に対する接待等のために支出するものは、1人当たり5,000円以下であっても、交際費等に含める必要があります。	措法第61条の4 措法第68条の66 措令第37条の5 措令第39条の94 措則第21条の18の4 措則第22条の61の4	□適 □否 □非該当	
	19	棚卸資産又は固定資産の取得価額に交際費等が含まれていませんか。	棚卸資産又は固定資産の取得価額に交際費等が含まれている場合には、接待等の行為があった事業年度の交際費等に含める必要があります。 なお、当該交際費等の金額のうち措法第61条の4第1項の規定により損金の額に算入しないこととなった金額があるときは、当事業年度終了の時における棚卸資産等の取得価額を減算することができます。	措法第61条の4 措法第68条の66 措通61の4(1)-24 措通61の4(2)-7 措通68の66(1)-27 措通68の66(2)-6	□適 □否 □非該当	
寄附金	20	前事業年度以前に仮払金とした寄附金を当事業年度の損金としていませんか。また、事業年度末において未払となっている寄附金を当事業年度の損金としていませんか。	寄附金は、実際にその支払をしたときに支出したものとして取り扱うため、前事業年度以前に支払、事業年度に寄附金として計上された場合でも、当事業年度に仮払金等を取り崩し費用に計上していても損金とすることはできません（支払った事業年度の損金となります。）。 また、事業年度末時点において未払となっている寄附金については、実際に支払うまでは損金とすることはできません。	法法第37条 法法第68条の6 法令第78条 法令第155条の15 法基通9-4-2の3 連基通8-4-4	□適 □否 □非該当	
	21	寄附金の中に役員等が個人として負担すべきものが含まれていませんか。	法人が損金として支出した寄附金であっても、その寄附金の支出の相手方、支払目的等からみてその法人の役員等が個人として負担すべきものと認められるものは、その役員等に対する給与として取り扱われます。このため、例えば、当該寄附が支出額の全額が損金となる「国等に対する寄附金」であっても、法法第34条に規定する定期同額給与、事前確定届出給与及び利益連動給与又は業績連動給与に該当しない場合には、その全額が損金となりません。	法法第37条 法法第34条 法法第81条の6の2 法基通9-4-2 連基通8-4-3	□適 □否 □非該当	
	22	子会社や取引先に対して合理的な理由がないにもかかわらず、無償若しくは通常より低い利率での金銭の貸付け又は債権放棄等を行っていませんか。	子会社や取引先に対して金銭の無償若しくは通常より低い利率での貸付け又は債権放棄等をした場合において、例えば、業績不振の子会社の倒産を防止するためにやむを得ず行われるもので合理的な再建計画に基づくものである等の経済的合理性を有していると認められない場合には、寄附金として取り扱われます。	法法第37条 法基通9-4-1 法基通9-4-2 連基通8-4-2	□適 □否 □非該当	
使途秘匿金	23	相手方を明らかにできない金銭の支出や金銭以外の資産の贈与はありませんか。	金銭の支出のうち、相当の理由がなく、その相手方の氏名又は名称及び住所又は所在地並びにその事由を帳簿書類に記載していないものは、使途秘匿金の支出に該当します。使途秘匿金の支出をした場合の法人税の額は、通常の法人税の額に支出額の40%相当額を加算した金額になります。 なお、ここでいう金銭の支出には、贈与、供与その他これらに類する目的のためにする金銭以外の資産の引渡しも含まれます。	措法第62条 措法第68条の67	□適 □否 □非該当	
費用全般	24	事業年度末までに債務が確定していない費用（償却費は含みません。）を損金としていませんか。	事業年度終了の日までに債務が確定していない償却費以外の販売費、一般管理費その他の費用について、は、当事業年度の損金の額に算入しません。 なお、この債務の確定とは、原則として次の要件の全てに該当する場合をいいます。 ① 当事業年度終了の日までに当該費用に係る債務が成立していること。 ② 当事業年度終了の日までに当該債務に基づいて具体的な給付をすべき原因となる事実が発生していること。 ③ 当事業年度終了の日までにその金額を合理的に算定することができるものであること。	法法第22条 法法第81条の3 法基通2-2-12 連基通2-2-12	□適 □否 □非該当	

大規模法人における税務上の要注意項目確認表

項　目	No.	確 認 内 容	解　　　　説	主な参考法令等	確 認 結 果	確認結果が「否」の場合の対応（申告調整の有無等）
移転価格	25	国外関連者に対して行った役務提供の対価の額、又は国外関連者から受けた役務提供の対価の額は、独立企業間価格となっていますか。	国外関連者に対して役務提供を行った場合、又は国外関連者から役務提供を受けた場合、その対価の額は独立企業間価格である必要があります。 　独立企業間価格は、役務提供に要した総原価の額に通常の利潤の額を加算する等して算定しますが、役務提供が支援的な性質のものであるなど一定の要件を満たし、また、当該役務提供に要した総原価の額に、当該総原価の額に100分の5を乗じた額を加算した金額をもって対価の額としている場合、その対価の額は独立企業間価格として扱われます（移転価格事務運営要領3－11）。	措法第66条の4 措法第68条の88 移転価格事務運営要領3－10、3－11 別冊　移転価格税制の適用に当たっての参考事例集（事例26） 連結法人に係る移転価格事務運営要領3－10、3－11 別冊　連結法人に係る移転価格税制の適用に当たっての参考事例集（事例26）	□適　□否　□非該当	
	26	国外関連者に対する貸付けの利息の額、又は国外関連者からの借入れの利息の額は、独立企業間価格となっていますか。	国外関連者に対して貸付けを行った場合、又は国外関連者からの借入れを行った場合、その利息の額は独立企業間価格である必要があります。	措法第66条の4 措法第68条の88 移転価格事務運営要領3－7、3－8 別冊　移転価格税制の適用に当たっての参考事例集（事例4） 連結法人に係る移転価格事務運営要領3－7、3－8 別冊　連結法人に係る移転価格税制の適用に当たっての参考事例集（事例4）	□適　□否　□非該当	
	27	「独立企業間価格を算定するために必要と認められる書類（ローカルファイル）」を確定申告書の提出期限までに作成又は取得し、保存していますか。	一の国外関連者との前事業年度（注1）の取引について ①　国外関連取引（注2）の合計金額が50億円以上 又は ②　無形資産取引（注3）の合計金額が3億円以上 である場合には、当該国外関連取引に係る独立企業間価格を算定するために必要と認められる書類（ローカルファイル）を確定申告書の提出期限までに作成又は取得し、保存することが必要です。 （注）1　前事業年度がない場合には当該事業年度となります。 　　　2　「国外関連取引」とは、法人が国外関連者との間で行う資産の販売、資産の購入、役務提供その他の取引をいいます。 　　　3　「無形資産取引」とは、特許権、実用新案権などの無形固定資産その他の無形資産の譲渡若しくは貸付け等をいいます。	措法第66条の4 措法第68条の88 措則第22条の10 措則第22条の74 移転価格事務運営要領2－4、3－5 連結法人に係る移転価格事務運営要領2－4、3－4、3－5	□適　□否　□非該当	
棚卸資産	28	事業年度終了の時において、預け在庫、未着品を棚卸しの対象としていますか。	事業年度終了の時において外注先や仕入先へ預けている商品等や購入した商品等のうち運送途中にある未着品についても、数量等を把握し、棚卸の対象とする必要があります。		□適　□否　□非該当	
	29	未使用の消耗品の取得に要した費用を事業年度の損金としていませんか。	消耗品で貯蔵中のものは棚卸資産に該当するため、その取得に要した費用は当該消耗品を消費した日の属する事業年度において損金とする必要があります。 ただし、事務用消耗品、作業用消耗品、包装材料、広告宣伝用印刷物、見本品その他これらに準ずる棚卸資産（毎事業年度におおむね一定数量を取得し、かつ経常的に消費するものに限ります。）の取得に要した費用を継続してその取得をした日の属する事業年度の損金としている場合には、取得時の損金として差し支えありません。	法法第2条 法令第10条 法基通2－2－15 連基通2－2－15	□適　□否　□非該当	
	30	棚卸資産購入のために直接要した引取運賃、荷役費、運送保険料、購入手数料、関税等の費用を棚卸資産の取得価額に含めていますか。	棚卸資産の購入に際して引取運賃、荷役費、運送保険料、購入手数料、関税その他当該資産の購入のために要した直接付随費用がある場合には、その費用を棚卸資産の取得価額に含める必要があります。 なお、買入事務、検収、整理、選別、手入れ等に要した費用や販売所から販売所への移管に要した費用などの棚卸資産の購入のために要した間接付随費用も棚卸資産の取得価額に含める必要があります（これらの間接付随費用の合計額が棚卸資産の購入の対価のおおむね3％以内の金額であるときは、棚卸間接付随費用については、棚卸資産の取得価額に含めなくても差し支えありません。）。	法令第32条 法基通5－1－1 連基通5－1－1	□適　□否　□非該当	
	31	流行遅れや機種がモデルチェンジしたことだけを理由に棚卸資産の評価損を計上していませんか。	棚卸資産が著しく陳腐化した場合には、評価損を計上することができますが、単に流行遅れや機種がモデルチェンジしたことだけでは、著しい陳腐化には該当しません。 例えば以下の場合が著しい陳腐化に該当します。 ・　いわゆる季節商品で売れ残ったものについて、今後通常の価額では販売することができないことが既往の実績その他の事情に照らして明らかであること ・　当該商品と用途の面ではおおむね同様のものであるが、型式、性能、品質等が著しく異なる新製品が発売されたことにより、当該商品につき今後通常の方法により販売することができなくなった等の事実が生じた場合	法法第33条 法令第68条 法基通9－1－4 連基通8－1－4	□適　□否　□非該当	

大規模法人における税務上の要注意項目確認表

項目	No.	確認内容	解　説	主な参考法令等	確認結果	確認結果が「否」の場合の対応（申告調整の有無等）
繰延資産	32	資産を賃借する際の権利金のように、支出の効果がその支出の日以後1年以上に及ぶ費用について、その全額を一時の損金としていませんか。	以下の①〜⑤の費用で支出の効果がその支出の日以後1年以上に及ぶものは、繰延資産に該当し、当該費用は、支出の効果の及ぶ期間を基礎として償却する必要があります。 ① 自己が便益を受ける公共的施設又は共同的施設の設置又は改良のために支出する費用 ② 資産を賃借し又は使用するために支出する権利金、立退料その他の費用 ③ 役務の提供を受けるために支出する権利金その他の費用 ④ 製品等の広告宣伝の用に供する資産を贈与したことにより生ずる費用 ⑤ ①〜④に掲げる費用のほか、自己が便益を受けるために支出する費用	法法第2条 法令第32条 法令第14条 法基通8−1−3 法基通8−1−4 法基通8−1−5 法基通8−1−8 連基通7−1−3 連基通7−1−4 連基通7−1−5 連基通7−1−6 連基通7−1−7	□適　□否　□非該当	
固定資産	33	固定資産を事業の用に供するために直接要した費用を一時の損金としていませんか。	固定資産の取得価額には、購入したもの、自己が建設をしたものを問わず、事業の用に供するために直接要した費用（例えば、工業用機械の据付費、調整試運転費など）が含まれますので、そのような費用は一時の損金とはなりません。	法法第54条 法基通7−3−16の2 連基通6−3−25	□適　□否　□非該当	
	34	建物付土地の取得後おおむね一年以内にその建物の取壊しに着手しているにもかかわらず、取壊直前の建物の帳簿価額及び取壊費用を一時の損金としていますか。	建物付土地を取得後、おおむね一年以内にその建物の取壊しに着手するなど、当初からその建物を取り壊して土地を利用する目的であることが明らかであると認められるときは、当該建物の取壊しの時における帳簿価額及び取壊費用の合計額は、当該土地の取得価額に含める必要があります。	法令第54条 法基通7−3−6 連基通6−3−8	□適　□否　□非該当	
	35	建物の建設に伴って支出を予定している住民対策費、公害補償費等の費用の額をその建物の取得価額に含めていますか。（毎年支出することになる補償金は除きます。）	新工場の落成、操業開始等に伴って支出する記念費用等のように減価償却資産の取得価額に生ずる付随費用の額は、当該減価償却資産の取得価額に算入しないことができますが、工場、ビル、マンション等の建設に伴って支出する住民対策費、公害補償費等の費用（法基通7−3−11の2②及び③又は連基通6−3−14②及び③に該当するものを除きます。）で当初からその支出を予定しているもの（毎年支出することとなる補償金を除きます。）は、たとえその支出が建設後に行われるものであっても、当該減価償却資産の取得価額に含める必要があります。	法令第54条 法基通7−3−7 法基通7−3−11 連基通6−3−9 連基通6−3−14	□適　□否　□非該当	
	36	資本的支出を一時の損金としていませんか。	固定資産の修理、改良等のために支出した金額のうち、当該固定資産の通常の維持管理のため、又は損傷した固定資産につきその原状を回復するために要したと認められる部分の金額は修繕費に該当し一時の損金となります。 他方、固定資産の修理、改良等のために支出した金額のうち当該固定資産の価値を高め、又はその耐久性を増すこととなると認められる部分に対応する金額は資本的支出に該当し、その固定資産と種類及び耐用年数を同じくする固定資産を新たに取得したものとなります。 ただし、一の計画に基づき同一の固定資産について行う修理、改良等のために要した費用の額が20万円に満たない場合又は修理、改良等がおおむね3年以内の期間を周期として行われることが既往の実績その他の事情からみて明らかである場合には、修繕費として損金経理することができます。	法令第55条 法令第132条 法基通7−3−16の2 法基通7−8−1 法基通7−8−2 法基通7−8−3 連基通6−3−25 連基通6−8−1 連基通6−8−2 連基通6−8−3	□適　□否　□非該当	
	37	自社開発のソフトウエアを製作するために要した費用を一時の損金としていませんか。	自社開発のソフトウエアを製作するために要した原材料費、労務費及び経費並びに事業の用に供するために直接要した費用は、そのソフトウエアの取得価額に含めることとなるため、一時の損金とはなりません。 この場合、その取得価額は適正な原価計算に基づき算定することになりますが、原価の集計、配賦等につき合理的であると認められる方法により継続して計算している場合には、これが認められます。	法令第54条 法基通7−3−15の2 連基通6−3−22	□適　□否　□非該当	
	38	ソフトウエアの機能向上等のために要した費用を一時の損金としていませんか。	ソフトウエアのプログラムの修正等を行った場合に、その修正等がプログラムの機能上の障害の除去、現状の効用の維持管理に該当するときは当該費用は修繕費として一時の損金となりますが、新たな機能の追加、機能の向上等のバージョンアップを行っている場合には、その修正等に要した費用は資本的支出に該当し、ソフトウエアの取得価額に含める必要があります。	法令第55条 法令第132条 法基通7−8−6の2 連基通6−8−7	□適　□否　□非該当	
前払費用	39	前払費用に該当する支出を損金としていませんか。（法基通2−2−14又は連基通2−2−14に規定する「短期の前払費用」の取扱いの適用を受ける場合を除きます。）	前払費用とは、一定の契約に基づき継続的に役務の提供を受けるために支出した費用のうちその支出する日の属する事業年度終了の日においてまだ提供を受けていない役務に対応するものをいいます。）は、支払った時点の属する事業年度の損金とはならず、役務の提供を受けた事業年度の損金となります。 ただし、「短期の前払費用」（支払った日から1年以内に提供を受ける役務に係る前払費用で、継続してその支払った日の属する事業年度の損金としているもの）については、支払った日の属する事業年度の損金として差し支えありません。	法法第22条 法令第14条 法基通2−2−14 連基通2−2−14	□適　□否　□非該当	
貸付金	40	役員、従業員や関連会社に対して金銭を無償又は通常より低い利率で貸し付けていませんか。	経済的合理性がないにもかかわらず、役員、従業員や関連会社に対して無償又は調達金利や他者への貸付条件等と比較して低利による貸付けを行っている場合、通常収受すべき利率により算出した利息の額と実際に徴収した利息の額との差額は、給与又は寄附金に該当する場合があります。	法法第34条 法法第36条 法法第37条 法基通9−2−9 法基通9−4−2 連基通8−2−8 連基通8−4−2	□適　□否　□非該当	

大規模法人における税務上の要注意項目確認表

項目	No.	確認内容	解説	主な参考法令等	確認結果	確認結果が「否」の場合の対応（申告調整の有無等）
有価証券	41	有価証券を取得するために要した費用を一時の損金としていませんか。	購入した有価証券の取得価額には、当該有価証券の代価に加えて、購入のために要した費用が含まれます。このため、購入手数料その他有価証券の購入のために要した費用は、有価証券の取得価額に算入し、一時の損金にはなりません。なお、有価証券を取得するために要した通信費、名義書換料は有価証券の取得価額に含めないことができます。おって、外国有価証券の取得に際して徴収される有価証券取得税その他これに類する税についても同様です。	法令第119条 法基通2-3-5 連基通2-3-5	□適　□否　□非該当	
前受金・仮受金・預り金・保証金	42	収益に計上すべきものはありませんか。	前受金、仮受金及び預り金が棚卸資産の販売、請負、固定資産の譲渡等の対価として収受したものである場合、その棚卸資産の販売等に係る収益の計上基準に照らし、当事業年度の収益に計上すべきものが含まれているときは、当事業年度の益金とする必要があります。また、当事業年度において資産の賃貸借契約等に基づいて受け入れた保証金等の一部又は全部について返還しないことが確定した場合、その返還しないことが確定した金額は、当事業年度の益金の額に計上する必要があります。	法法第22条 法基通2-1-41 連基通2-1-44	□適　□否　□非該当	
消費税等（収益）	43	課税期間の末日までに資産の譲渡等の対価の額が確定していない場合に、その対価の額を適正に見積もり、課税標準に含めていますか。	資産の譲渡等を行った場合において、その資産の譲渡等をした日の属する課税期間の末日までにその対価の額が確定していないときは、同日の現況により、その金額を適正に見積もる必要があります。なお、見積額と確定した額との間に差額が生じた場合には、その差額を対価の額が確定した日の属する課税期間の資産の譲渡等の対価の額に加算又は対価の額から控除することになります。	消法第28条 消基通10-1-20	□適　□否　□非該当	
消費税等（収益）	44	外注先に対して有償支給した原材料等の対価の額を課税対象外としていませんか。（支給する材料等を自己の資産として管理している場合を除きます。）	外注先等に対して外注加工に係る原材料等を支給する場合において、その支給に係る対価を収受することとしている（いわゆる有償支給）ときは、その原材料等の支給は、対価を得て行う資産の譲渡に該当します。ただし、有償支給の場合であっても、貴法人が支給した原材料等を自己の資産として管理しているときは、その原材料等の支給は、資産の譲渡に該当しません。	消基通5-2-16	□適　□否　□非該当	
消費税等（売上原価）	45	課税仕入れとした外注費等の中に給与に該当するものは含まれていませんか。	個人に対して支出する労務提供の対価は、雇用契約又はこれに準ずる契約に基づき他の者に従属し、かつ、当該他の者の計算により行われる事業に提供する役務に係るものであれば課税仕入れとはなりません。なお、請負とその区分が明らかでない場合には、例えば、以下の①から④までその事項を総合勘案して判断することになります。①その契約に係る役務の提供の内容が他人の代替を許容するか。（許容する：請負、許容しない：雇用）②役務の提供に当たり貴法人が指揮監督をしているか。（指揮監督していない：請負、指揮監督している：雇用）③まだ引渡しを受けていない完成品が不可抗力のため滅失した場合等においても、既に提供した役務に係る報酬の請求を貴法人が受けるか。（受けない：請負、受ける：雇用）④役務の提供に係る材料又は用具等を貴法人が供与しているか。（供与していない：請負、供与している：雇用）	消法第2条 消基通1-1-1	□適　□否　□非該当	
消費税等（売上原価）	46	三国間貿易（国外で購入した資産を国内に搬入することなく他へ譲渡する取引）に係る仕入れを課税仕入れとしていませんか。	資産の譲渡等が国内で行われたか否かの判定については、資産の譲渡又は貸付けの場合は、原則として、譲渡又は貸付けの時における資産の所在場所で判定します。したがって、国外で購入した資産を国内に搬入することなく他の事業者等に譲渡した場合における仕入れについては、その経理処理のいかんを問わず国内で行われたものに該当しないため、課税仕入れとすることはできません。	消法第4条 消基通5-7-1	□適　□否　□非該当	
消費税等（費用全般）	47	出向社員等の給与負担金を課税仕入れとしていませんか。（経営指導料等の名義で支出している場合も含みます。）	貴法人への出向社員に対する給与を出向元事業者が支給しているため、貴法人が負担すべき給与を出向元事業者に支出したときは、その給与負担金は、その出向社員に対する給与に該当するため、課税仕入れとすることはできません。この取扱いは、実質的に給与負担金の性質を有する金額を経営指導料等の名義で支出する場合も同様です。	消基通5-5-10	□適　□否　□非該当	
消費税等（費用全般）	48	贈答した商品券、ギフト券、旅行券を課税仕入れとしていませんか。	商品券、ギフト券、旅行券等は物品切手等に該当するため、購入時には課税仕入れとすることは認められず、後日、その商品券等を使って商品の購入をしたり、サービスの提供を受けた際に課税仕入れとすることができます。このため、商品券等を贈答した場合には、貴法人が商品券等を使って商品の購入等をしていませんので、課税仕入れとすることはできません。	消法第6条 消法別表第1 消基通6-4-3 消基通6-4-4 消基通9-1-22 消基通11-3-7	□適　□否　□非該当	
消費税等（費用全般）	49	クレジット手数料を課税仕入れとしていませんか。	信販会社へ支払うクレジット手数料は、包括信用購入あっせん又は個別信用購入あっせんに係る手数料又は賦払金のうち利子に相当する額であり、非課税となりますので、課税仕入れとすることはできません。	消法第6条 消法別表第1 消令第10条 消基通6-3-1	□適　□否　□非該当	
消費税等（費用全般）	50	同業者団体等の通常会費や一般会費を課税仕入れとしていませんか。	同業者団体、組合等に対して支払った会費又は組合費について、同業者団体、組合等が、その通常の業務運営のために経常的に要する費用をその構成員に分担させ、団体の存立を図るためのいわゆる通常会費や一般会費に該当するとして資産の譲渡等の対価に該当しないとしているときは、当該会費又は組合費等は課税仕入れとすることはできません。	消基通5-5-3 消基通11-2-6	□適　□否　□非該当	

大規模法人における税務上の要注意項目確認表

項目	No.	確認内容	解説	主な参考法令等	確認結果	確認結果が「否」の場合の対応（申告調整の有無等）
消費税等 / 費用全般	51	予約の取消し、契約変更等に伴って支払ったキャンセル料や解約損害金を課税仕入れとしていませんか。	予約の取消しや、契約変更等に伴って支払うキャンセル料や解約損害金等は、逸失利益等に対する損害賠償金であり、役務の提供の対価には該当しないことから、資産の譲渡等の対価には該当せず課税仕入れとすることはできません。 なお、解約手数料、取消手数料などは資産の譲渡等に係る契約の解約等の請求に応じ、対価を得て行われる役務の提供の対価であることから、課税仕入れとすることができますが、損害賠償金としての性格を有する部分と手数料的性格を有する部分とを一括して支払っており、それぞれについて判然と区分できない場合については、全体として資産の譲渡等に該当しないものとして取り扱うことから課税仕入れとすることはできません。	消基通5－5－5 消基通5－5－2	□適 □否 □非該当	
	52	給与と認められる旅費（単身赴任者が帰省するための旅費等）を課税仕入れとしていませんか。	従業員の出張等に伴い支出する出張旅費、宿泊費、日当等は、貴法人の事業遂行のために必要な費用を、旅行をした者を通じて支出しているものですので、その旅行に通常必要であると認められる部分の金額は、課税仕入れに係る支払対価となります。 しかし、通常必要と認められる金額を超える部分や単身赴任者が帰省するために支給する旅費等の職務の遂行に必要な旅行の費用とは認められない旅費は、給与に該当する支出であることから課税仕入れとすることはできません。	消基通11－2－1	□適 □否 □非該当	
	53	海外出張に係る旅費、宿泊費、日当等を課税仕入れとしていませんか。	海外出張に係る旅費、宿泊費及び日当等のうち輸出免税等に該当する取引、あるいは不課税取引に該当するものは、課税仕入れとすることはできません。 ただし、海外出張旅費等として一括支給する場合であっても、海外出張の際の国内鉄道運賃や国内での宿泊費、支度金について、実費分として他の海外出張旅費と区分しているときは、その実費部分については、国内出張旅費等と同様に課税仕入れとして差し支えありません。	消基通11－2－1	□適 □否 □非該当	
	54	前払費用を支払時の課税仕入れとしていませんか。（法基通2－2－14又は連基通2－2－14に規定する「短期の前払費用」の取扱いの適用を受けている場合を除きます。）	役務の提供に係る課税仕入れは、役務の提供が完了した日を含む課税期間に行われたこととなるため、前払費用（一定の契約に基づき継続的に役務の提供を受けるために支出した課税仕入れに係る支払対価のうち、その課税期間の末日においてまだ提供を受けていない役務に対応するものをいいます。）については、支払時の課税仕入れとすることはできません。 ただし、法基通2－2－14又は連基通2－2－14に規定する「短期の前払費用」の取扱いの適用を受けている場合には、その支払時点で課税仕入れとすることができます。	消基通11－3－8 法基通2－2－14 連基通2－2－14	□適 □否 □非該当	
	55	クレジットカードで決済した経費等について、クレジットカード会社からの請求明細書のみを保存していませんか。	クレジットカードで決済した経費について、クレジットカード会社が交付する請求明細書は、課税資産の譲渡等を行った事業者が貴法人に対して交付した書類ではないことから、消法第30条第7項及び第9項に規定する請求書等には該当しませんので、当該請求明細書のみの保存をもって、クレジットカードで決済した経費等を課税仕入れとすることはできません。	消法第30条	□適 □否 □非該当	
	56	会議費、交際費として飲食料品を購入している場合に、軽減税率対象品目として区分経理していますか。	会議費、交際費として飲食料品を購入している場合は、消費税額の計算上、軽減税率対象品目の経費として区分経理する必要があります。	所得税法等の一部を改正する法律（平成28年法律第15号）附則第34条 消費税の軽減税率制度に関する取扱通達	□適 □否 □非該当	
営業外収益	57	ゴルフ会員権を譲渡した場合に、その対価を非課税売上げとしていませんか。	株式、出資若しくは預託の形態によるゴルフ会員権の譲渡が非課税となる有価証券に類するものには該当しないことから、その譲渡は非課税とはなりません。	消法第6条 消法別表第1 消令第9条 消法施令6－2－2	□適 □否 □非該当	
	58	車両等の買換えを行った場合に、販売額から下取額を控除した金額を課税仕入れ又は課税売上げとしていませんか。	車両等の買換えにおいては、課税資産の譲渡等と課税仕入れの二つの取引が同時に行われますので、それぞれ別個の取引として取り扱う必要があります。	消法第2条 消法10－1－17	□適 □否 □非該当	

1　表中の法令・通達は、以下の略語を用いています。
　　法法 ………… 法人税法　　　　　　措法 ………… 租税特別措置法　　　　　連基通 ………… 連結納税基本通達
　　法令 ………… 法人税法施行令　　　措令 ………… 租税特別措置法施行令　　消基通 ………… 消費税法基本通達
　　消法 ………… 消費税法　　　　　　措則 ………… 租税特別措置法施行規則　措通 ………… 租税特別措置法関係通達（法人税編）及び租税特別措置法関係通達
　　消令 ………… 消費税法施行令　　　法基通 ………… 法人税基本通達　　　　　　　　　　　　　　　（連結納税編）

2　令和3年9月30日現在の法令・通達によっています（「移転価格事務運営要領」及び「連結法人に係る移転価格事務運営要領」は、令和元年6月28日付一部改正分までを反映しています。）。

3　表中の「法人」は、「連結法人」を含みます。

4　表中の「事業年度」は、連結法人においては「連結事業年度」をいいます。

【著者略歴】

1978年大阪国税局入局、大阪国税局調査第一部調査審理課審理係長・主査、特別国税調査官付主査、大阪国税不服審判所審査官などを経て98年退官、同年税理士登録。

現在、企業の顧問、研修会講師等を行う傍ら、近畿税理士会研修部員。

京都産業大学大学院法学研究科非常勤講師（2009年〜2013年）。

著書に『調査事例からみた税務判断のポイントと対応策』『厳選100問交際費等の税務』（以上、清文社）、『Q&A 実務減価償却』（大蔵財務協会）、『役員給与の「増額・減額」改定を巡る法人税実務 Q&A』『計算例による新しい減価償却の法人税実務』（以上、共著・税務研究会出版局）などがある。

本書の内容に関するご質問は、FAX・メール等、文書で編集部宛に
お願い致します。
　ご照会に伴い記入していただく個人情報につきましては、回答など
当社からの連絡以外の目的で利用することはございません。当社の
「個人情報の取扱いについて」（https://www.zeiken.co.jp/privacy/
personal.php）をご参照いただき、同意された上でご照会くださいま
すようお願い致します。
FAX：03-6777-3483
E-mail：books@zeiken.co.jp
　なお、個別のご相談は受け付けておりません。

〈第3版〉
否認事例・誤りやすい事例による
税務調査の重点項目

平成18年4月20日	初　版第1刷発行	（著者承認検印省略）
令和4年11月15日	第3版第1刷印刷	
令和4年11月30日	第3版第1刷発行	

ⓒ　著　者　　岸　田　光　正

発行所　　税 務 研 究 会 出 版 局

週刊「税務通信」発行所
　　「経営財務」

代表者　山　根　　毅

郵便番号100-0005
東京都千代田区丸の内1—8—2　鉄鋼ビルディング

https://www.zeiken.co.jp

乱丁・落丁の場合は、お取替え致します。　　　印刷・製本　奥村印刷㈱

ISBN 978—4—7931—2712—0